ガクテンソク

Gakutensoku

何者かになりたくて

奥田修二

Shuji Okuda

42歳、充実してるといえば充実してるし、擦り減らしてると思えば擦り減らしてる

はじめに

この度は本書を手に取ってくださり誠にありがとうございます。

この本は、僕が2021年から書いている『note』をもとに、加筆や書き下ろしなどを加えて制作されました。

出版に至った経緯を説明すると、編集者さんがたまたま僕のnoteを読んでくださり、そこに書いていたさまざまな言葉が、「きっと世のおじさんたちにも響くのではないか？」と思ってくださって、「自己啓発本ほど堅くはなく、それでもおじさんたちが前向きにがんばれるような本を出しませんか？」というお話をいただいたからです。

こんな一漫才師が本を出せるなんて、こんな機会はなかなかないと思って快諾しました。快諾して出版の準備をしている間に、銀シャリの橋本（直）さんとマシンガンズさんが本を出されたので「おい！」とはなりました。そんなこんなでなんとか発売を迎えたことをうれしく思います。

このタイミングで、編集者さんにもお伝えしていなかった、そもそも僕がnoteを書き出した経緯を説明したいと思います。2020年にM－1ラストイヤーを終え、迎えた2021年も、世の中はまだまだコロナ禍でした。不安定な仕事と収入、さらに運動不足と不規則な食生活からくる体重増加。知ってました？　お金がなくなると太るんです。安く簡単に食べられるものって、たいがい太るんです。ぜひ覚えておいてください。

ダイエットをしようと思ったのですが、「我流で考えたダイエットで痩せたらおもしろいかも」と思い、人間の部位別のカロリーの消費量を調べてみました。すると、次の数字を見つけました。

1位	肝臓	27％
2位	脳	19％
3位	筋肉	18％
4位	腎臓	10％
5位	心臓	7％
その他		19％

（諸説あり）

これを見て、「なるほど！　内臓とかのカロリーの消費量は自分でどうにかできるものじゃないから、3位の筋肉にアプローチして、みんな痩せようと思ってるんか！」と納得したのですが、すぐにとある疑問が芽生えました。

「脳……？　頭を使ったら消費量も上がるんじゃない？　そういえば、毎日の出来事を日記に書くだけで脳トレになるって聞いたことあるなぁ。脳のトレーニング、略して脳トレ。トレーニングってことは、消費カロリー上がるんちゃうん！　ほんで、脳トレでもあるからボケ防止にもなるんちゃうん！　これや！」

そうです。僕のnoteはダイエットとボケ防止のために始めたものなんです。

「noteを書籍に」というお話が来たとき、このことを恥ずかしくて言えませんでした。そのときにちゃんとお伝えしなかったことと、それを書籍の「はじめに」に書くという暴挙に出てしまったことを深くお詫び申し上げます。

ただ、ほぼ毎日noteを書いていた期間は、コロナ禍だったこともあって、世の中も仕事も不安定で、毎日noteに書けるような出来事が起こらなかったぶん、そのときに思っていたことや考えていたことを素直に書いている文章ばかりです。

そして、M－1が終わり、『THE SECOND～漫才トーナメント～2024』で優勝するまでの時間が、かなり詰まっていると思います。僕の人生でかなり濃密な時間だったこの4年間を記せていたのは、結果的にすごく良かったと思います。そういう意味ではありがとう。2021年のブクブク太っていった俺。

四十路独身上京漫才師

というのは、僕がnoteで自分につけた肩書きですが、皆さまの目にはどう見えますか？　寂しそうですか？　楽しそうですか？　僕も自分ではよくわかっていません。

この本では、そんな男の日常の楽しみ方や、仕事への取り組み方や、マジで読んでられないような趣味の話など、今の僕を余すことなく書かせていただきました。


「わかる！　四十路やもんね！」

「いや、だから独身やねん！」

「おっさんの上京ってどないやねん！」

「そもそも漫才師って変な仕事！」


皆さまには読んでこのようにツッコみつつ、ご判断いただければと思います。

もくじ

四十路独身

奥田修二

1章

自己紹介

初めまして。ガクテンソクの奥田と申します。

学天即（旧コンビ名）は2005年結成のお笑いコンビで、今年で20年目となります。初舞台は2005年の『M－1グランプリ』の1回戦です。アマチュアとして運良く準決勝まで進み、2007年12月に、当時の大阪の若手劇場である「baseよしもと」のオーディションを勝ち上がり、吉本興業に所属します。

しかし2010年、そのbaseよしもとが閉館、さらに第一期M－1が終了するという事件が同じタイミングで起きたことで、解散の危機を迎えます。なぜか異常に充実しているガクテンソクのWikipediaの文言を借りますと、「奥田はそれで完全にモチベーションが喪失し芸人を辞めるためとして解散を提案するも、よじょうと揉めて喧嘩になった。その後に話し合った結果、『今ここでお笑い辞めたら、俺らがお笑いやってたなんて誰も知らないまま終わる。俺らが辞めた時に〝あいつらお笑い辞めたんやな〟って思われるまでは続けよう』と解散を踏み止まった」そうです。確かに、だいたいこんな感じだったと思います。

なんとか解散の危機を乗り越えて、2011年から始まった賞レース『THE MANZAI』の決勝に3度進出しました。2011年のTHE MANZAIでは、全身の血液が逆流するくらいスベりましたが、2013年にはNHK新人演芸大賞演芸部門で大賞を受賞。2014年には上方漫才大賞新人賞、2015年にはytv漫才新人賞と上方漫才大賞奨励賞を受賞し、「あれ？　今年、学天即あるんじゃね？」的な空気を醸し出しながら、この年に復活した第二期M-1に挑むも準決勝敗退。次の年も準決勝敗退。次の年とその次の年は準々決勝敗退。

このあたりで相方のよじょうが芸名を「つくね」に変更したりする、明らかな迷走期に入り、2019年のM-1ではついに3回戦敗退となります。ラストイヤーとなる2020年では、準決勝に進出するも敗退ということで、学天即のM-1は初出場時と同じ準決勝で幕を閉じます。これが学天即の15年です。

2021年に学天即から「ガクテンソク」に改名し、劇場を中心に漫才師として活動していました。コロナ禍では、なぜかふたりとも体が丈夫だったので、いろんな漫才師の代演で舞台に立ちまくりました。「#代打といえばガクテンソク」というハッシュタグが生まれるくらいに舞台に立ちまくりました。「いつスタメン落ちしたんだろう?」という疑問を抱きつつ舞台に立ち続けました。

そして2023年、ふたりとも40歳を超えた謎のタイミングで上京。いろんな方から「なんで今?」と言われつつ上京。しかし、上京後も活動の中心は舞台でした。2024年5月17日までの自己紹介となります。では、2024年5月18日以降の自己紹介がこちらです。

どうも、『THE SECOND～漫才トーナメント～』2代目王者のガクテンソクです。

はい! 決まりました! 19年分の自己紹介がウソのように、1行で自己紹介が決まるようになりました! ありがとうございます! チャンピオンになるまで19年かかってるということは、普通に考えて「遅咲き」ですよね。考えようによっては「燻(くすぶ)っていた」とも言えます。でも、咲くことを諦めていなかったし、腐ってもいなかったんだと思います。

優勝したおかげで、文章を書く機会をいただきましたので、僕の仕事に対しての考え方やなんかもお伝えできたらと思っています。

さて、ここまでは「ガクテンソク」および「ガクテンソク奥田」の自己紹介でしたので、奥田修二個人の現状も書いておきます。

独身街道を爆走中の42歳です。趣味はゴルフ、クレーンゲーム、アイドル鑑賞。古事記が好きで寺社仏閣巡りも好きです。都市伝説やゴシップも大好きで、政治やニュースを調べるのも好きです。

うん。街道と呼べるほど整ってもいないので、独身けもの道ですね。独身けもの道を爆走中……いや、爆走もできていないので、独身けもの道を徐行中のようです。

漫才師としてはなんとかなってくれそうですが、独身のほうは、どうやらまだまだどうにもならなそうです。

そんな僕の日常を、感情たっぷりで綴っていこうと思いますので、いろんな見方でどうぞ最後までお楽しみください。

ひとり暮らし

改めまして四十路独身漫才師です。もちろん「ひとり暮らし」です。「一人暮らし」とも、「独り暮らし」とも書きたくないタイプです。特に後者の孤独感ったらハンパないでしょ？　別に孤独じゃないんですよ。ひとり暮らしが長いから、家にひとりが当たり前で、それが普通なんですよ。全然、楽しく過ごしてますから。あ、あんまり言ったら、ホンマはめっちゃ寂しいみたいになるからやめとこ。

僕が初めてひとり暮らしをしたのは、齢十八の頃。名目としては「専門学校に通うためのひとり暮らし」ということになっていましたが、学校は実家から余裕で通えるくらいの距離にあったので、実際は「ひとり暮らしをしたいがためのひとり暮らし」でした。齢十八ってそういうお年頃でしょ？　ただ、両親の了承を得るのには苦労しました。だって、余裕で通えるんだから。

「あ、この子は学校の近くに住まないとダメだ」

そう思ってもらえるように、出席日数を計算して、絶妙なラインで遅刻と寝坊をするようにして、なんとか納得してもらいました。こんなに苦労しなくても、将来嫌というほどひとり暮らしをすることになるのに。

専門学校を卒業してからは、実家に戻って家業を手伝っていたのですが、齢二十三でM－1に出場し、齢二十五でｂａｓｅよしもとのオーディションに合格したのをキッカケに実家を出ました。

最初は銀シャリの橋本さんたちとのルームシェアでしたが、齢二十七で、改めてひとり暮らしを始めました。この年から数えると、齢四十二の今年、ひとり暮らし15周年となります。

「奥田さん！　15周年おめでとうございます！」って誰か言いましたよね？　ありがとうございます。

あと、年齢を「齢」で表していくのはここまでにしときます。かっこいいと思ってやってみたんですが、思ってたより文法が難しかったです。だからこそ使いこなせたらかっこいいんでしょうけど。

ということで、僕のひとり暮らしについて書いてみようと思います。

まず、僕の見た目か、言動か、日頃の行いからなのか、やたらこだわりが強いと思われがちなんですが、全然こだわりはないです。

「他人を家に入れたがらなそう」なんて思われがちですが、むしろウェルカムです。大阪で暮らしていたときは、後輩を家に呼んでは、アイドルのライブ映像を観る会をよく開いていたくらいです。

誰かが部屋に来る予定があると、普段しないところまで掃除したりするので、むしろありがたいくらいです。世の中には「家事代行サービス」というものがありますが、家事代行サービスの人が来ると思うと、失礼のないように先に掃除をしてしまいそうです。

ということで、家事はすべて自分でやります。料理もまあまあ好きなので、食べたいものがあったらネットで調べて作っちゃいます。食器を洗うのも昔は嫌いでしたが、最近はなぜか食器を拭くという作業がお気に入りなので、積極的に洗うようになりました。

洗濯は若干苦手です。洗濯機を回すのはいいんですが、干してたたむという作業がたまらなくめんどくさいんです。

この15年間で、いわゆる「実家のありがたみ」みたいなことを感じたのは、洗濯物を干して、取り込んで、たたんでいるときだけだと思います。

ただ、実家ではたまにお気に入りのＴシャツをギュンギュンに縮められたりしていました。そういうアクシデントは起こらなくなったということで、実質プラマイゼロです。さらに今は、ドラム式洗濯機を導入したので、もはやプラになってます。

「あー、だから独身なんや。家事ができる男って、女性にとってはプレッシャーになるっていうもんね」なんて言われることもあります。こういう意見には、「いや、ひとりやねん！　誰がやるのよ！　ほんで、やり続けたら否が応でも上手くなるやろ！　某国の飛翔体もそうよ！　最初は下手やったけど、だんだん上手くなっていってもうとるがな！　そもそも発射させたらあかんのよ！　何してんのよ世界は！」と、世界情勢を織り交ぜつつ反論したくなります。

独身とひとり暮らしは、似てるけど違うってことだけは覚えておいてください。僕は、ひとり暮らしをしているだけです。

理想の休日

僕は休みがプレッシャーになってしまう人間で、前もって予定を立てるということが非常に苦手です。なので休日は、基本的には予定を立てないようにしています。起きたい時間に起きて、その瞬間瞬間の思いつきで動きます。

とある休日は、アプリで漫画を読んでいたら、話と話の間のCMで流れてきた「閉じ込められたおじさんを助けるパズルアプリ」をダウンロードして、なぜかそれを10時間くらいやってしまって、気がついたら夜だったことがあります。これはさすがに後悔しました。

夜、シャワーを浴びながら、「いや、これはさすがにないわ！　ほんで、今日ひと言も言葉発してないやん！　明日しゃべれるんか!?　あー、あー、なんでやねん！　なんでやねん！　とりあえず声は出るか」と、声が出るかどうかの確認をしたことを覚えています。

そんな僕ですが、焦りながら休日に予定を詰め込んだこともあります。いちおう、ある程度達成できたんじゃないでしょうか。その1日を報告させていただきます。

朝、気がつけば、目覚ましを鳴らさずとも9時半に起きてしまう年齢になってます。本日も9時15分に起きました。15分、前倒しです。

1杯の水を飲みました。

洗濯機を回しました。

朝ごはんを作りました。

食べ終えて洗い物をしました。

洗濯物を干しました。

観葉植物に水をあげました。

美術館へ向かいました。

とりあえず、ここまでは予定通りです。ここからは、とある童貞を捨てる予定だったので、少し緊張しておりました。

それは、「おうちひとり焼肉」です。

クラウドファンディングで飲食店さんをひたすら支援していたら、リターンで家に食材が届きまくってしまって、もう溢れかえっているんです。

豚の片足みたいな生ハムは、なんとか食べきりました。タレで漬け込んでるホルモンは手つかずで冷凍されています。そして、バラバラで支援したはずのお肉たちが、ついにコースになるくらい整ったので、その日、童貞を捨てる決意をしました。

正直、晴れやかな気持ちになると思ってました。

結果、死ぬほど部屋が臭いです。

もう焼肉を終えて数時間経っているのに、1ミリも鼻に馴染みません。それでもまだ臭いです。なんなら臭い、増してます。

誰か助けてください。このままでは寝られません。

空気って洗えないんですか？　答えを知っている方がいたら、ぜひ教えてください。

気分は夕方まで100点。今0点です。

翌日は、半休というやつでした。午前休のほうです。

それでも、朝9時に起きまして、昨日の「おうちひとり焼肉」の残り香を打ち消す作業に精を出しました。

しかし、まだまだうっすらと香っております。

「これ、マジでどうしたらいいの!?　部屋が臭え!!」

でも、お肉が余り倒してしまっているので、今日も今日とて、お肉を焼きました。

ただ、反省点は活かしましたよ？

換気扇の下、キッチン焼き肉です。どうだ！　これが「学習」というものだ！

「景色おもんなぁー！　なんでカシューナッツの袋見ながら焼肉食わないとあかんね
ん！　テレビ観ながら食べたりするのが焼肉やねん！　いや、そもそも人としゃべったりとかしながら食べるのが焼肉やんか！」

どうやら、僕はおうちひとり焼肉に向いていなかったようです。

もともと、ひとり焼肉は好きだったんです。ただし、それはお店ですることであって、お店には人がいて、特に好きなお店にはテレビがあったわけです。家でひとりでキッチンというのは、まったくもって僕の趣味に合いませんでした。

こうなると、川原で焼くしかないのか？　通報されるかな？　されるよね？

無理かぁ……。

料理とお笑い

僕はInstagramで、「#匂わせ朝ごはん」という投稿を不定期で行っています。調べてみると、2018年12月19日が最初の投稿でした。僕はずっとひとり暮らしですので、仕事の時間ギリギリまで寝てていいですし、休みの日であれば、起きるまで寝ててていいわけですが、ある日、「おい！　お前、ホンマにそれでいいんか!?　もう、36ぞ!?」という心の声が聞こえたような気がして、仕事の日はギリギリまで寝ずに、休みの日でもちゃんと起きて、それなりの生活をしようと思い立ちました。

ただ、やはり起きる理由は欲しかったので、しっかりとした朝ごはんを食べるために起きることにしました。そして、せっかくなら自分で作ることに決めました。

しかし、いかんせんめんどくさがりなので、Instagramへの投稿を連動させれば長続きするかもということで、投稿することにしました。普通に投稿すると、「うわ！　料理できますよアピールしてるやん！　こいつ誰にどう思われたいねん！」と思われそうで怖かったので、架空の彼女に作ってあげているという設定で投稿したのが最初です。

そういう生活に憧れてるみたいな、そんな思いはいっさいありません。むしろ、そんな思いがあったほうがマシです。自分の生活の見直しと、どうでもいい過剰な自意識が生んだ、チ○カスハッシュタグです。

それ以外にも、たまに自炊の写真をアップしたりしています。決して料理が得意というわけではないのですが、料理をすること自体はけっこう好きです。なので、なんだかんだ自炊はしていると思います。

料理に関しては、ほぼほぼ独学ですが、基礎的な部分は、専門学生の頃にバイトをしていた「料理がまぁまぁ本気の喫茶店」で覚えたんだと思います。

ランチメニューに「野菜とチーズの肉巻きフライ」があるくらいにはまぁまぁ本気でした。なので、よく廃棄期限前の食材をいただいては、家で料理して食べていました。お金がなかったので本当に助かりました。あの頃、僕に良くしてくれたキッチンのチーフは元気かなぁ。不器用やけどいい人やったなぁ。ほんで不器用すぎて店長とめっちゃ仲悪かったなぁ。

料理をする上で大事なのは、お気に入りの調理道具です。お気に入りの調理道具があると、料理をやりたくなります。

僕の場合は、ベタですが包丁です。大阪の通販番組に出たときに紹介されていたもので、その名も「スーパーストーンバリア包丁」。この包丁を買ってから、料理がさらに楽しくなりました。

名前はちょっと大袈裟ですよね。「ホンマにぃ？　名前がいかにも通販って感じで信じられへんなぁ。自分で〝スーパー〟とか〝バリア〟とかわざわざ言ってるのが逆に怪しいけどなぁ」なんて思う方も多いと思います。かくいう僕も、この包丁に出合うまではそっち派でした。ただ、今の僕はそんな意見にこう言いたい。

「いやいや、ヒーローの必殺技にわざわざ大袈裟な名前がついてるのと同じです。心の中で『スゥゥパァァ……ストォォン……バリアァァァァアッ！！！！』と叫びながら、硬いカボチャを真っ二つにしてみてください。一躍あなたもキッチンヒーローの仲間入りです」とね。

ちなみに、トマトをまな板の上に置いて、手を添えずに真横にスライスすることもできます。そのときに心の中で叫ぶ言葉は、もうおわかりですよね？

「超・石・障壁！！！」ですね。

斬撃の必殺技は漢字と相場は決まっていますので。

僕の料理は基本的に感覚です。所詮は自分が食べるだけですから。初めて作る料理のときは、もちろんレシピを調べますが、作ったこともないくせに、レシピを若干疑ってかかってたりします。

「いや、鶏がらスープの素を大さじ2はさすがにやりすぎやで」と勝手に思って大さじ1で作って、完全に味が薄くて、結局大さじ1を直がけしたりします。皆さん知ってました？　ああいうのって、直がけしたら信じられないくらい味が濃いんですよ。料理の手順って、ちゃんと意味があるんですね。

一度、野菜たっぷりのスープを作ろうとして、そのときもコンソメスープの素をレシピより減らして入れたら、やっぱり味が薄くて、でも謎の意地が発動してしまって、醤油を入れたら想像以上に和風になって、そのまま煮物にしようとしたら、最初のコンソメが思ったよりも邪魔してきて、そこからいろいろ試してみて、どうしようもなくなって、結局カレーにしたこともありました。ただ、これはこれでおいしかったです。あの味に二度と出合えないと思うと寂しい限りです。

僕はよく、お笑いを料理に例えます。例えば後輩が、お客さまに自分たちの漫才がなかなかウケないことを嘆いていて、それを僕に相談してきたとします。

そういうときは、「漫才のネタが料理やとして、俺たちは目玉焼きさえ焼いたことがない人に、『おいしい』って言ってもらうお仕事やから」と答えます。

ほかにも、シュールなネタがお客さまになかなか受け入れてもらえないという相談があった場合は、「見たことない変な料理を目の前に出されて、いきなりバクバク食べる人いないやろ？　それでもその料理を食べてほしいなら、盛り付けをがんばるとか、せめて具材は馴染みのある食材に変えてみるとか、工夫するしかないよ」と答えます。

あるいは、どこでやってもウケるネタが、その日のお客さまにはスベったという後輩には、「今日はお客さまの大多数がイタリアンの口やったんよ。そこにいきなり和食御膳みたいなん出されたら、そら反応は悪いよ。けど、和食の口のお客さまも絶対におるから、その人たちに向けてはちゃんとできてたと思うで」と答えます。

どうですか？　この料理例え。この手法に関しては、自分でもなかなか秀逸だなと思っております。

そう思えば、お笑いのスタートも我流でしたし、料理をやり出したのも我流なので、僕の中でお笑いと料理は、同じカテゴリーにあるのかもしれません。

お酒のこと

僕が自分の身の上話を書くということは、「お酒」について触れないわけにはいきませんよね。

「いや、知らんがな。鼻につく書き方しやがって。そんなに飲んでるんかい」

ええ、飲んでます。毎日飲んでます。なんなら今も書きながら飲んでます。

「よし！　今日は酒のことを書くぞ！」と決意した瞬間から、飲みたくなってました。それくらいお酒のことが好きです。「酒」という文字を想像しただけで心が求めてしまうなんて、もはや恋です。今は片想いですが、いつか両想いになれるようにがんばります。

僕がお酒に恋することになった大きなきっかけは、学生時代にひとり暮らしをしていて、卒業して実家に戻ったとき、ひとり暮らしで使っていた小さめの冷蔵庫を自分の部屋に置いたことだと思います。21歳くらいだったと思います。そこで「部屋飲み」を覚えてしまったんですね。

部屋飲みのメリットは、お店で飲むより安くつくということ。デメリットは、部屋だからと油断して飲みすぎてしまうことです。たまにズタボロになるまで酔ってしまって、部屋でひとりなのに両手を広げて「キーーーーン！」とアラレちゃん走りでトイレに行ったりしてしまいます。

さて、ここで僕の夜を彩ってくれたお酒たちを見ていきましょう。

発泡酒
麦焼酎の緑茶割り
黒糖焼酎の水割り
第3のビール
麦焼酎のソーダ割り
ウイスキーハイボール
芋焼酎のソーダ割り

ハイボールを好んで飲む時期が一番長かったと思います。7年ほどハイボールでした。そして、けっこうハチャメチャに酔うことが多かったです。

『アメトーーク！』の「後輩との接し方分からない芸人」のときにミキの亜生が言っていた「すぐ陰謀論ばっかりしゃべり出すんです！」や、インディアンスの田渕（章裕）がよく言う「夜3時まで政治の話して、後輩が全員寝てるのにまだしゃべってた！」や、相方がたまに言う「こいつ酔ったら『俺は材料さえあれば発電所を作れる』とか言い出す！」というエピソードは、すべてこの「ハイボール期」に起こった出来事です。あ！　これ系の話は全然今もしてるわ！

ただ、ハイボール期は毎日二日酔いで、たまに遅刻もしていましたので、マジで良くない。どうやら体に合っていなかったようで、3年ほど前に福岡で泊まりだった日に、夜8時から夜中の3時まで芋焼酎のソーダ割りだけを飲んだ翌日はまったく二日酔いもなかったんです。それから芋焼酎のソーダ割り一本でやらせてもろてます。ありがとうございます。日々健やかです。

お酒といえば、酒癖が良い・悪いというのがあるわけですが、お酒の作用として、本性が引き出されるのでしょう。なのでお酒には、そもそも良い人か悪い人かを判断できる、リトマス試験紙的な部分があると思います。

僕はお酒が好きすぎて、次の日、記憶をなくしてるときがあります。おそらく、そのタイミングで本性が出ていると思うのですが、そこで理性がなくなり本性が出てしまって、周りにガッカリされたくないので、日頃から本性をある程度さらけ出して生きることに決めてます。子供の頃は、けっこうひた隠しにするタイプだったんですけどね。


一度、朝まで飲んで、二日酔いの状態で近所のラーメン屋さんに行って、食券を買おうとしたら、財布にお金が入っていないときがありました。

僕の記憶では、最後のお店でお金を払ったとき、財布の中に5千円札が入っていたイメージだったので、「もしかしたら後輩たちにタクシー代を渡したのか？」とも思いましたが、みんな自転車を押しながら帰っていた気がしたので、一緒に飲んでいた後輩に昨日の帰り道でのことを確認すると、「奥田さん、帰り道でガールズバーのキャッチの女の子に5千円渡してましたよ」という、まったく心当たりのない言葉が返ってきました。

「え？　ガールズバーに行ったってこと？」と聞くと、「じゃなくて、その女の子に『俺たち4人が店に行ったら、君に何円入るん？　……え？　1万円？　こんな寒い日の夜中までがんばってそんだけ？　もう5千円あげるからタクシー乗って帰り！』って言って渡してました」と言われました。

意味がわからなすぎてウソかと思いましたが、ウソだったほうが意味がわからなすぎるので、きっと事実です。これがどうやら僕の本性のようです。えーと……どういう本性？

とりあえず、お酒に出合って生き方さえ変わったのが僕だということです。

話は戻りまして、実家の部屋に冷蔵庫を置いた頃、みんなお金がないので、友達がよく家に飲みにきてました。よじょうもよく来てましたし、部屋飲みで仲良くなったと思います。ふたりで酒を飲みながら『あいのり』を観たりしてました。

コンビを組んだときも、僕の部屋で飲んでましたし、コンビになったその日は、お互い変なテンションになって、朝8時まで部屋で飲んだ覚えがあります。

あの冷蔵庫がなかったら、学天即は生まれてなかったのかもしれません。

晩ごはんと昼ごはん

自分で料理もしますが、そもそも食事をすることが大好きです。

小さな頃から親には、「あんたは食い意地が張ってる」と言われて育ってきました。おいしい料理があったとして、小さい頃の僕は、人がそれを自分より食べていることが許せませんでした。最後に食べているのが自分じゃないと気が済みませんでした。あと、小学5年生まで親が共働きだったので、ずっとおばあちゃん子だったのですが、たくさん食べるとおばあちゃんに褒めてもらえたというのもあったと思います。

おばあちゃんは戦争を経験しているので、子供がたくさん食べられていることが微笑ましかったんだと思います。そんなことまで想像できていない僕は、あまりに褒めてほしくて、たまに途中で吐いてまで食べてました。そして、途中で吐いていることがおばあちゃんにバレたとき、信じられないくらい怒られました。

そこからは、絶対に吐かずにたくさん食べていました。結果、めちゃくちゃ太りました。中3のときに急激に身長が伸びなかったら、今の僕はありません。今の芸風もありません。お笑いをやっていたかもわかりません。動くたぬきの置物だったと思います。

もう42歳ですから、昔ほど量を食べることはできませんが、食べることは相変わらず好きなので、逆に、一口一口を大事にしていきたいと思っています。ちなみに、昔から好きなものは変わっていなくて、寿司と焼肉とラーメンが大好きです。

全然関係ないんですけど、寿司の反対語って焼肉だと思いませんか？　あと、ラーメンの反対語はカレーだと思っています。勝手に思ってるだけなので、全然気にしないでください。こんな、どうでもいいことを考えついてしまうくらい、この3つが好きなんだということだけわかってください。

寿司と焼肉は、まぁ晩ごはんですよね。寿司ランチも焼肉ランチもありますが、僕の中では晩ごはんです。お酒との相性も良いので。

で、ですよ！

1年が365日なわけですから、晩ごはんは1年で365回しか食べられないということになるわけですけど、少ないって！　嫌やって！　もっと晩ごはん食べたいって！

週に1回は寿司を食べたいと思っています。スーパーのでも、回転寿司でも、宅配でもいいけど、なんせ週1は寿司がいい。週1ですから、全体の7分の1ということは、年で約52回しかお寿司を食べられないということです。ちなみに、焼肉は月に3回は食べたいと思っているので、年36回です。寿司と焼肉だけで88回なので、残り277回です。

「いやいや、277回あれば十分やん！　ってだから、なんなん！　なんでそんな計算してるん？　だいぶキモいで!?」

前半はわかります。後半は無視します。寿司と焼肉以外にも、突発的に食べたくなるものがあったり、突然のお誘いがあったり、さまざまな事情で、自分で晩ごはんを選べないときもあるので、実際は277回もないんです。

今、これを書いている最中も、初めて飛行機のプレミアムクラスというものに乗せていただいていて、先ほど人生で初めて「機内食」というものをいただきました。プレミアムクラスには機内食がついているなんて知らなかったことで、277分の1を使ったりもするわけです。

そりゃ命懸けにもなるってもんです。晩ごはんに関しては、できれば一回もミスしたくないと思っています。

その代わりと言ってはなんですが、昼ごはんはある程度のミスはＯＫだと思っています。外食にはある程度のチャレンジも必要だからです。

東京に来てから一度、中華料理屋さんで天津飯を頼んだことがありました。そして、目の前に運ばれて来たときに、「え？　赤ない？」と思いました。

訝しみながらも一口食べると、「え？　甘酸っぱ！　何これ！　不良品や！」と思ったのですが、「いや、もしかして……」と思って、すぐさまGoogleで「関東　天津飯」と調べてみたところ、もう、目から鱗な情報がビッシリでした。よかったら調べてみてください。

これが晩ごはんなら、食べたかった味とは違うものを食べているので、完全なるミスとなりますが、昼ごはんなのでＯＫです。なんなら、関西で人と話す話題を1個いただいたと思えます。

僕はよくお昼にラーメンを食べるのですが、そこにも大阪と東京で違いがあります。まずは家系ラーメン。大阪にはほとんどありません。進出したチェーン店はありますが、個人経営の家系はほぼないと思います。発祥は横浜らしいですが、「米と合うラーメン」という概念。お好み焼きとご飯を食べる大阪に浸透するのは間もなくでしょう。

かと思えば、これまた関西にあまりないのが「タンメン」です。家系とは打って変わっての薄味からの野菜という健康志向。ラーメンを食べて健康になれるのかは知りませんが、なんだか体に良さそうな気はします。

ただ、家系みたいに濃いものと、タンメンみたいにある程度薄味のものが共存しているのが、まさに東京を表しているなと思います。人口の多さがそれを成立させているのでしょうか。

そして、そのふたつを足して3倍くらいにしているのが「ラーメン二郎」です。

「ラーメンと二郎を一緒にするな！　二郎はラーメンとは別次元の料理だ！」

という声も聞こえてきそうですが、それってあなたの感想ですよね？　なので、僕も感想を書きます。大阪にもちょこちょこ「二郎系」というものはありますが、まっすぐ「二郎」というのは、やっぱり東京だと思います。そして、僕はどうやら二郎が大好きです。

もうね、ほぼスポーツクライミングです。満腹中枢が刺激されるタイムリミットと言われている20分の間に、あの山を登り切れるかどうかの戦いです。山の高さを自分で選べるところもスポーツです。残すことは許されない。しかし、限界は攻めたい。男心をくすぐってくるあたりも憎いです。

ちなみに、二郎を食べた日の夜は、何も食べないときもあります。あんなに晩ごはんを大事にしてると言いながら、その晩ごはんを犠牲にしてまで食べる二郎。そこにはきっと、何かの意味があると思います。もしかしたら、吐くまで食べていた子供の頃の自分への、挑戦状なのかもしれません。

ゴルフのこと

僕にも趣味と呼べるものがいくつかございまして、そのひとつが「ゴルフ」です。朝から体を動かす感じとか、自然を感じられるところとかがいいですね。あと、下手くそですけど、たまに上手くいくときもあったりするのが気持ちいいんですよね。

みたいなことを不用意に発言すると、プロでもないのにめちゃくちゃ真剣にしてる人に、バカにされたり、怒られたり、マウントを取られたりします。皆さんにも、もしかしたら心当たりがあるかもしれませんが、ゴルフ好きの中に、たまに好きを超えた「ゴルフ好きすぎおじさん」が存在しているんです。

「僕、ゴルフ好きなんです」と発言して、万が一にも好きすぎおじさんの耳に入ってしまうと、とんでもない量の質問が返ってきてしまいます。ベストスコアと平均スコアから、よく行くゴルフ場、使っているクラブのメーカー、練習の頻度、好きな選手、プロの試合の感想など。

最終的に、頼んでもいない「ゴルフ悩み相談室」が始まったりします。こういう事態を防ぐためにも、ゴルフを趣味にしているということを大きな声で言うのは、はばかりましょう。もし発言するとしたら、全員がゴルフ好きすぎおじさんと仮定して発言することをお勧めします。

「僕、ゴルフ好きなんですけど、下手くそですし詳しくないんです」くらいに抑えておけば、好きすぎおじさんに当たったとしても「ゴルフ初心者講習会」くらいで終わってくれますから。リスクヘッジはしっかりと。

趣味と言いつつ、ちょっとゴルフの嫌味から始まってしまいましたが、本当にゴルフは好きです。

ゴルフを始めたきっかけは、僕が〝おしゃべり〞だからです。意味がわかりませんよね。

お笑いで劇場入りしたくらいの頃、よく街中ではドラマ『花より男子2』の主題歌が流れていたイメージなので2007年だと思いますが、地元の友達が中古ゴルフショップの雇われ店長をしていて、急なオーディションなどで休むことになっても対応すると言ってくれたことから、そこでバイトをさせてもらってました。

もちろんまったくゴルフの知識はないので、最初は在庫の整理とか、値札の貼り付けなどの作業を手伝っていただけでした。なので、お客さまに何か聞かれても、「すいません、バイトなんで」と答えていました。ただ、雑用をしながらも、店長や店員さんが接客している言葉はなんとなく聞いていたので、知識としては少しずつ勝手に入っていってたと思います。

ある日、平日のお昼休憩で僕以外の全員が出払っているときに、ひとりの男性が入ってきました。僕はもちろん話しかけませんが、もともと服屋さんで働いていたこともあるので、その男性の雰囲気を見て、「あ、たぶんこの人、買う気満々やわ」と思いました。

マジで、雰囲気でなんとなくわかるんですよ。なので僕は「早く店長たちが帰ってきたらいいのになぁ」なんて思いながら作業をしていると、店長たちが帰ってくる前に、その男性が帰る雰囲気を醸し出し始めたんです。

僕、こう見えてまあまあ責任感を持って仕事するタイプのバイトなので、これはさすがにもったいないと思って、世間話的に話しかけました。店長たちが帰ってくるまでの時間稼ぎをしようと思ったんです。

僕「いらっしゃいませー。ゴルフクラブを探されてるんですか？」
客「そうなんです。初心者なんでやさしいやつを探してて」
僕「へー、そうなんですね。僕はバイトなんでわからないんですけど、初心者の方
にはこのクラブを薦めてるのをよく見ますよ」
客「そうなんですか。打ってみてもいいですか？」
僕「どうぞどうぞ。試打室はこちらです」

20分後、その男性は17万円のフルセットを買っていきました。
それから数分後、帰ってきた店長たちに報告すると、「はい、ゴルフを始めてすぐ販売員になってください」という流れになり、そこでゴルフを始めることになったんです。ね、おしゃべりが理由だったでしょ？

やってみたら、凝り性の僕にはピッタリだったようで、わりとすぐにハマりました。店がヒマな時間は試打室に入って、ひたすらボールを打っていました。店長から、「うん、仕事はしてね」と言われながらも、隙を見つけては打っていました。
この頃にはすでに、人に迷惑をかけないで済むくらいの腕前になっていたと思いま

す。なので、ゴルフ歴でいうと17年とかになってしまうんですが、この経歴が好きすぎおじさんの耳に入ってしまうと、「地元どこや⁉ 選手やってたんか⁉ 大学は⁉」と、矢継ぎ早に質問が飛んでくるので隠しています。
「ゴルフ歴は3年くらいで、練習とか行かないんで全然上手くならないです」と答えています。これくらいなら好きすぎおじさんの「ゴルフスイングチェック」くらいで済みます。

で、確かにこの3年くらいでゴルフをする機会がグッと増えました。大阪にいた最後の2年くらいから、ボチボチと周囲にやる人が増えてきて、東京に来てからは仕事にもつながっています。もちろん、YouTubeチャンネルを持つ人が増えて、ゴルフには一定数のファンがいますから、視聴回数が安定してくれるというメリットもあるのでしょうが、一番はやっぱり「みんな、おじさんになった」ってことだと思います。

おじさんになって、時間とお金の使い方が上手くなり、子育ても落ち着いてきて（僕はバチクソ独身ですが）、新たな趣味を始めようとする時期なのでしょう。

ただ、今まで経験したことのないことは、めっちゃくちゃ興味のあること以外、始めるのをちょっと躊躇するのがおじさんです。何かしらのスクールに通ったとき、先生がめっちゃ年下だったら緊張するからです。

ってことで、若いときにちょっとかじったことを改めて始めるのが、この時期の趣味にちょうどいいんだと思います。釣りを趣味にしてるおじさんも、きっと同じ理由だと思っています。

ゴルフにせよ釣りにせよ、おじさんは一時停止させていた思い出に、再生ボタンを押したいのかもしれません。もしかしたら、カーボン素材の長い物を、しならすのが好きな生き物なだけかもしれませんが。

クレーンゲームとの再会

現在、真っ只中でハマっている趣味が「クレーンゲーム」です。一般的には「UFOキャッチャー」のほうが馴染みがあると思いますが、こちらはセガさんの商標なんです。なので、権利に引っかからないように「クレーンゲーム」と呼称します。こういうことさえ、クレーンゲームにハマる前は知りませんでした。

かく言う僕も、以前はUFOキャッチャーと呼称しておりました。ただ、クレーンゲームにハマったことによって、自分が発信する上では正しい表現を使うべきだと思い、クレゲの歴史を調べたわけです。そして、この事実を知ったわけです。

こんな話、クレゲに興味がない方からすれば、「いや、知らんがな！　今後もUFOキャッチャーって呼ぶわ！」と思われるでしょう。

しかし、僕はクレゲにハマった人間ですので、「うわーっ！　そうやったんや！　俺もUFOキャッチャーって呼んでたー！　もしもNHKで漫才をするときにネタの中に『UFOキャッチャー』というフレーズが入ってたら、スタッフさんから『あ！すいません！　UFOキャッチャーはセガさんの商標なので、呼び方はクレーンゲームでお願いします！』って言われて、初めて知ることになってたやろうなー！　その前に知れたって、クレゲにハマったからこその経験やなー！」と思いました。

あ、ごめんなさい。クレーンゲームにハマりすぎて僕はもう「クレゲ」呼びでした。途中からもうそう呼んでしまってましたね。ちなみに「オンラインクレーンゲーム」というものもございまして、もちろんそちらもプレイしているのですが、そちらのことは「オンラインクレゲ」を経て「オンクレ」と呼んでいます。

ゴルフの話では、「若いときにちょっとかじったことを改めて始めるのが、この時期の趣味にちょうどいい」と書きました。確かに、幼少期に誰しもが一度はプレイしたことがあるとは思います。そういう意味では当てはまってますが、どうやらそれだけではないようにも思います。「若いときにちょっとかじった」というより、「子供の頃はお金に制限があって、好きなようにできなかったものへの憧れ」ということだと思います。

僕が初めてクレゲをプレイしたのは、おそらく小学生の頃だったと思います。夏休み、母方の田舎の淡路島に帰省していたとき、祖父母、親戚一同でショッピングモールに買い物に行ったんです。そこに、たくさんのぬいぐるみが山積みにされたクレーンゲームがあって、その中に「オグリキャップ」のぬいぐるみがあったんです。

その頃は、競馬なんて知らない子供でもオグリキャップは知っていて、オグリグッズは子供にも大人気だったんです。

おそらく、地元のスーパーにもクレーンゲームはありましたが、地元での買い物で、「これやりたいー!」とおねだりしたところで、母親に一蹴されることはわかっていました。

しかし、自分の実家への帰省中の高揚感があるはずの母親になら、なんとか通用するんじゃないかと思っておねだりしてみると、「もう、1回だけやで!」と言ってくれました。はい計算通り。しかし嫌な子供。

もちろん1回では何も獲れず、4回おかわりさせてもらったのですが、500円目でさすがに母親も我に返りだして、「あんまり調子に乗りなや。ホンマに最後やで」と言われ、僕はラスト一回に挑みました。

慎重にアームを操作しオグリを狙いました。アームが引き上がり出したとき、一瞬オグリは掴んだものの、そのまますするりと落ちていったのですが、アームの先に何かのタグが引っかかっているのが見えました。

「うわ！　上のオグリは獲れなかったけど、その下に潜り込んでた、何かのぬいぐるみのタグに引っかかったんや！　頼む！　オグリ来い！　オグリ来い！」

そんな思いで見つめる中、オグリの下から姿を現したのは、見たこともない謎のぬいぐるみでした。

謎のぬいぐるみを景品獲得口から取り出して手に取り、「うん。まぁね。そうよね。何かしらが獲れただけでもマシよね。まぁね。いや、これ何？」という表情で見つめていると、母親が「獲れてよかったやん！　仮面ライダーの地獄大使やね！」と言いました。

僕は、「カメンライダーノジゴクタイシ？」とは思いつつも、まさか母親がそのキャラを知っていて、しかもテンションが上がってくれたことがうれしかったことを覚えています。ハマる前にクレゲで何かが獲れたのは、後にも先にも「カメンライダーノジゴクタイシ」だけです。

それから時はすごくすごく経ちまして、２０２３年の秋のこと。あの少年は、41歳のおじさんになりました。

大阪から東京に出てきて、劇場での漫才が仕事の中心でした。1日に2〜3ステージあるので、ステージの合間に空き時間が生まれます。空き時間は短くて1時間、長いときは3時間くらいあったりします。

東京にも知ってる芸人さんはいましたし、先に上京している先輩や同期や後輩なんかもたくさんいたので、ほとんどの空き時間は楽屋でごはんを食べたり、雑談しながら過ごすのですが、たまに「自分ら以外の出演者、全然しゃべったことがない東京の芸人さんたち」という日がありました。

そういうときの空き時間をすごくすごく持て余していて、劇場の外をなんとなく散歩するということが多かったです。そして、いろんな劇場の周りを歩いていると、ふと共通点に気づきました。

「劇場の近くって、だいたいゲームセンターあるなぁ」

その日は新宿だったので、ルミネの近所のゲームセンターにヒマつぶしに入ってみました。そこはクレゲ専門店だったので、景品をゆっくり見ながら歩いていると、めちゃくちゃ出来の良いお寿司のキーホルダーがあったんです。

「めっちゃうまそうやん。ちょっとやってみよかな。合間にパチンコとかしてお金がなくなること考えたら、こっちのほうがだいぶマシやろ」

不用意でした。この決断が今の僕を作ったのです。

500円だけと決めてプレイしました。


1回目、景品を掴むものの、空中で落とす。

2回目、同上。

3回目、キーホルダーのチェーンを狙うも爪入らず。

4回目、同上。


「そりゃ、そんなに上手くいかんわな。アホらしいし次で帰ろ」

5回目は、1回目、2回目と同じように景品を掴みにいきました。そして1回目、2回目と同じように景品を空中に持ち上げました。

「はいはい。ほんで上でアームの握力が弱くなって落とすんやろ。はいはい」と思ったら、放さなかったんです。

「!! ……えっ！ 何これ何これ！ 放さへんやん！ そのまま持ってこい！ 落とす！ 落とすなよ！ 獲得口まで持ってこい！ そのまま！ そのまま！ ……よーしっ！」

人生2個目の景品は、マグロの赤身のキーホルダーでした。

もちろんひとりでしたのでひと言も発してはいませんが、心の中ではこれくらいははしゃいでいました。そして気がついたら、脇汗びっちょりでした。額こそ500円ですが、パチンコのスーパーリーチ級にアドレナリンが噴出していたと思います。

そこからのハマり具合は、ご存知の方はご存知だと思いますが、もはやパチンコにハマってたほうがマシだったんじゃないかというくらい、お金を注ぎ込んでしまっています。ただ、まったく後悔はないです。1プレイ1プレイ、反省しながらやってますから。

ゴルフも1打1打反省しながらするので、僕はもしかしたら、止まっているものを自分で動かして穴に落とす、という行為が好きなのかもしれません。

アイドル好き

ありがとうございます。

アイドルについて語れるということで、いきなりお礼から始めてしまいました。すいません。僕はアイドルのオタク、いわゆる「ドルヲタ」です。

「42歳、独身、ドルヲタ」

なかなかパンチのある文字の並びですが、本人はなかなかに堂々としたもんです。

自分のドルヲタ史を振り返ると、まずは高校時代のモーニング娘。に始まります。

あの当時、ナインティナインさんの番組『ASAYAN』を観ていないと、次の日の学校の話題についていけないっていうくらい、クラスメイトみんなが観てました。

この頃のASAYANはオーディション番組でしたが、以前は『浅草橋ヤング洋品店』というゴリゴリのお笑い番組でした。飛行機の滑走路脇の茂みに隠れている江頭2:50さんが、離陸しようとするジェット機の前に飛び出して、轢かれないように猛ダッシュするという、鬼コンプラアウトな企画をしていたのをよく覚えています。話をモー娘。に戻します。ASAYANで生まれたモー娘。は、最初はそこまで人気はなかったのですが、「LOVEマシーン」と後藤真希さんの加入で一気に大人気になりました。クラスの男子でも誰が好きかを言い合ってました。

まだこの頃は「推し」という便利な言葉もなかったですし、年齢的に同世代だったので、ハッキリと「好き」と言っていました。ちなみに、僕のモー娘。内の好きの変遷は、「安倍なつみ→後藤真希→市井紗耶香」となります。わりとベタですね。

ただ、そこからしばらくアイドルから離れます。同世代を「好き」だっただけなので、報われるわけのない「好き」が続くわけもないんです。

モー娘。を好きだった頃から10年以上経って、お笑い活動も始めていた2011年、関西の深夜番組『やかせて！ソーセージ』の企画で、AKB48の選抜総選挙の取材のため日本武道館に行きました。「フライングゲット」の年です。(前田敦子の)「私のことは嫌いでも〜」の年です。

その頃のAKB48の人気は凄まじくて、武道館には全国から100社以上の報道陣、200台以上のカメラが集まっていました。関西の深夜番組の我々は、大きめのカメラと手持ちのカメラの計2台。すこぶる肩身が狭かったです。

あまりにも報道陣が集まりすぎて、一気に会場に入ると収拾がつかないということになり、各社の代表者でじゃんけん大会をして、その順位でカメラの位置を決めることになりました。僕らのチーム代表者は相方のよじょうです。結果、2位でした。おもろ！　数百人が参加したじゃんけん大会で2位獲るよじょうおもろ！

よじょうのおかげで好位置から総選挙の結果を観ることができたわけですが、初めて観るAKB48のライブ、そして選挙の結果発表。気がついたらライブでは拳を振り上げ、結果発表では泣き崩れるメンバーにもらい泣きをしていました。奥田修二29歳。赤い実弾けた、いや黄土色の種弾けた瞬間です。

そこからAKB48のDVDなどを観漁り、その中で「北原里英」という初めての推しもできました。

その後の推しグループの変遷は、やたらと詳しいガクテンソクのWikipediaを見ていただけたらと思います。


僕がアイドルの何に惹かれるかというと、「儚さ」です。

男性アイドルだと30代、40代、50代でも現役のアイドルとして活動される方もいますが、女性アイドルの場合、それはなかなか難しいですし、きっとご本人たちも認識していると思います。その限られた時間の中で、全力でアイドルに取り組んでいる姿は、まるで春の桜のような、夏の花火のような、まあ、秋と冬は思い浮かびませんが、終わりに向かっていく美しさと儚さを感じるんです。松尾芭蕉が今のアイドルを見たら、それはそれは見事な五・七・五を詠んでくれると思います。

芸人という仕事は、業種にもよりますが、おじいちゃんになっても続けられる可能性があります。ただ、期限が長いせいで、すぐサボりたくなってしまいます。しかし、限られた期間で咲き誇っているアイドルを見ると、「あかん！　サボってる場合じゃない！　アイドルはあんなにがんばってるんや！　俺も努力せなあかん！」と勇気づけられるんです。

アイドルに関する思い出でいうと、大阪でBILLIE IDLEのライブを観に行った際、楽屋挨拶のとき、当時グループのメンバーだったファーストサマーウイカさんに、「やっと奥田さん来てくれたー！　奥田さんが推したグループは売れるんでウチら推してください！」とハッキリ、臆面もなく言われたことがありました。

もちろん僕にそんなパワーはなくて、推したグループがただただ素晴らしかっただけなのですが、芸人でもアイドルでも、世に出るのに運の要素が大きい活動において、験担ぎでもジンクスでも、何かしらすがれるものがあったほうが、「よし！　今日は赤いパンツはいてるからきっと大丈夫！」みたいに思えて、パフォーマンスが上がったりするんです。そういう意味で、僕がアイドルにとっての赤パンツになれていたのなら、恩返しにもなるしありがたいなと思っています。

ちなみに、数組のアイドルが出演するイベントで、またまたファーストサマーウイカさんと共演した際、「今日の出演者で誰が一番の推しですか？　奥田さんに推されたら売れるんで！」と、またまたゴリっと迫られたことがありまして、そのときはもやもやっとした返答しかできなかったのですが、今後そういう質問が来たときは、「今日の出演者やったら、まあガクテンソクかなぁ」という逃げオシャレコメントを言うと決めています。

それ以降、この言葉を使うタイミングは来ていないので、赤パンツへの道はまだまだ遠そうです。

髪のこと

吉本興業の場合、コンビ1組につきマネージャーが1名付くということはほとんどなく、マネージャーは複数のコンビや、タレントさんを抱えることになっています。あまり仕事がない若手などは「デスク扱い」と呼ばれ、ひとりのデスクの方が若手数百組を担当していることもあります。

3年前、当時の僕たちの担当マネージャーは、僕たちと、ハイヒールさん、からし蓮根などを担当していました。担当が同じだと同じ番組に呼ばれることも多く、僕たちはよくハイヒールさんとご一緒させていただいていました。

そして、ある日もハイヒールさんの番組に出させていただくと、その収録中、ハイヒール・モモコ姉さんが、「あんた、髪の毛ヤバいなぁ?」と、突然おっしゃいました。するとリンゴ姉さんも、「正面見たらわからんけど、横から見たら、頭のカタチくっきりやん!」と、被せられました。

僕はもともと、猫毛のストレートで毛量も少ないんです。そして、つむじも大きいので、中学生の頃にセンター分けが流行ったとき、つむじを起点に髪の毛を分けてみたら、分け目が「広場に続く道」みたいになってしまいました。

その結果、学校で「若ハゲ」と陰で言われ始め、僕本人にバレないように隠語として「ハゲ」を取って「若」になり、ハゲをイジられているはずが、老舗の2代目みたいになったことがあります。

その頃は、本当にハゲと思われたくなかったので、つむじが目立たないように髪型を工夫してました。

20代に入ると、「木を隠すなら森の中」理論で、金髪で髪色を地肌の色に近づけてみたり、逆に地肌を見せていこうとスキンヘッドに近い坊主にしたりしていました。

ただ、30代になって、あまり毛量が減ってないように感じたので、「なぁんや、元々こういう髪質なだけやったんか」と安心して、あまり気にしないようになったんです。なんなら、髪の毛で遊びだし、人生で初めてパーマもあてています。

髪の毛のことなんて、頭皮のことなんて、この数年、気にしていませんでした。

そしてあの日、ハイヒールさんにイジられたことで、鏡でしっかり髪の毛を観察してみたんです。

「へ、へ、へ、減った？」

ミスったー！　そういう髪質やとタカくくってたー！　年齢的に薄くなることは当然あり得ることやし、そうなると、元が細くて少ないんやから、ちょっと減っただけで、どえらいことになるなんて想像できたやろうが！　バカが！

事実に向き合わせてくれたハイヒールさん、本当にありがとうございます。ただ、姉さん方は、一度イジりだすと、向こう2年はイジり続けることも存じ上げています。

というわけで、2021年ごろからゆるく育毛を続けています。

もともと髪の毛が細く、量が少ないってことは覚えておいてくださいね？　薄毛の人がよく言う「いや、俺は中学校くらいからこんなもんやから」という言い訳とは一線を画していると思ってくださいね？

僕の高校の卒アルの写真を見たことありますか？　あの、「坊主の落武者」みたいなやつ。あれです。見たことない方はGoogleで、「ガクテンソク奥田のハゲが衝撃的！　正面から見る姿からは想像できなかった！」と検索してみてください。僕の頭部の写真がまとめられていますので。

いや、まとめるな！　恥ずかしい！

とりあえず、17歳であれでしたから。あれから25年で今ですから。ね？　一線を画しているでしょ？

とはいえもう42歳ですから、やはり年齢的に前より髪の毛は減っています。

現在、僕がやっている育毛法はこんな感じです。

- 整髪料は最小限に抑える
- シャンプーせずに寝るとかありえない
- シャンプーのときに何かトゲトゲしたやつで洗う
- シャンプーのあとは絶対にドライヤー

「いやいや、こんなん普通やろ！　もっとなんかせんかい！　死に物狂いで髪の毛を守り切らんかい！」というお叱りを受けそうです。

ただ!!　逆に今までこんなことすらせずに生きてきたんです！　なら、逆によく耐えているともとれますよね!?

そして、一個一個の質は上げてます。整髪料も髪に負担が少ないとされているものに変えました。シャンプーも、知り合いの美容師さんがオススメしてくれたものに変えましたし、洗うときのトゲトゲも、武井壮さんの引っ越しを手伝った際に、明らかに未使用の頭皮マッサージャーがあったので、「コレ、いらないんやったらもらっていいですか？　もらいますね。ありがとうございます」と、聞こえるか聞こえないか微妙な声量とタイミングでお願いしていただいたものを使っています。

この最強の守備陣どうですか？　ラグビーならニュージーランド代表の猛攻にも耐えられると思います。そして、僕の頭部をオールブラックスに近づけてくれると信じています。

僕の家族

奥田家は父・母・姉・僕という「ザ・核家族」な構成です。僕はもう実家を出ていて、姉も実家の近所で暮らしていますが、姉の子がたまに実家にいるみたいで、年老いた両親と離れている身としては、とても助かっています。

先日放送された『相席食堂』には、甥っ子は仕事で無理でしたが、奥田家オリジナルメンバーは全員出てくれました。

「俺の仕事に協力してくれるなんてありがたいなぁ」なんて思ってたのですが、ロケの最中の挙動を見ると、どうやらみんな普通に出たがりだったようです。この時代に変わった人たちです。せっかくなので、家族間で起こったエピソードを紹介したいと思います。

数年前、大晦日を実家で過ごしていました。

年越しそばを食べながら『紅白歌合戦』を観ていると、父から「なんや、紅白も（聞き取れない）なって、へへへ！　もう（聞き取れない）やなぁ。なぁ？」と言われたので、僕はとりあえず「そうやなぁ」と返したんですが、すると父は「そうかぁ？」と答えてきました。

「いやいやいやいや！　今、何が起こってんの？　日本語のリスニングテストなん⁉　それやったら、もう一回イチから問題文聞き直させてくれ‼」と思いましたが、「うん」とだけ言って、そばをすすりました。

そうこうしていると、テーブルの向かいに甥っ子が座りました。そばを自分で湯いて持ってきたのですが、見た瞬間、また目の前の状況が飲み込めませんでした。

僕や両親、姉のおそばは、いたってシンプルで、えび天とおせち作りで余ったであろう大根と人参が入っている、非常にシンプルな、いやシンプルすぎるおそばだったのですが、甥っ子はこれに、納豆、チーズ、たまご豆腐をトッピングしていました。

「いやいやいやいや！　それは何⁉　確かに、こっちのはシンプルすぎるけど、そっちはそっちでファニーすぎるやろ！　ファニーであり、インタレスティングでもあるわ！　ちょっと会ってない間に、味覚どないなってしもてん⁉　それらはそばなしで食ってもうまいの⁉　そばありじゃないとうまくないの⁉　何も想像できん！」

僕が心の中で鬼のようにツッコんでいると、甥っ子のそばを見た父が、「ほぉ、チーズ入れたんか」と言いました。

「なんで？ なんで1種類だけ言ったん？ どうやったら、納豆とたまご豆腐を無視できんの？ もう、納豆もたまご豆腐も、チーズに見えたってこと？ 3種のチーズのえび天そばやと思ったん？ ピザのクアトロフォルマッジョ的な？ だとしても、『チーズ入れたんか』だけで終われる景色ではないやろ！」と、心の中で思いながら、黙ってビールを飲み干しました。

実家で起こった7分間ほどの出来事です。ギャンギャンに脳を活性化してくれる実家でありがたい限りです。

20時頃からごはんを食べだして、僕がビールからハイボールに変えた頃、父が、「ほな、お父さん寝るわな。ゆっくりしといてぇ」と言いました。時刻は21時前。

「いやいや！ 久々の息子よ⁉ しかも、特殊な仕事してるタイプの息子よ⁉ いろいろ、ほら、聞きたいこととかあるもんじゃない⁉ かわいかった芸能人とか！」と思っている間に、スッと部屋に入っていきました。大晦日も78回目になると、もう平日扱いなんですね。

少しすると母が僕に「あれ？ たっくん、みかん買ってきてくれたん？」と言ってきました。

「たっくん」というのは甥っ子の名前で、僕は「しゅうちゃん」です。僕「ん？　僕ちゃうで」母「あれ？　じゃあお姉ちゃんかな？　お姉ちゃんみかん買ってきてくれた？」姉「いや、私じゃない」甥「おばあちゃん、コープさんで買ってたやん」母「あぁそうか。最近アホなってるわ。アハハハ」。

また談笑しながらみかんを食べていると、母「あれ？　このみかん、たっくん買ってきたん？」僕「だから違うって！（笑）」甥「おばあちゃんが買ったやつやって！（笑）」母「さっきも聞いた？　あかんわ。アホなってるわ（笑）」。

そして数分後、母「あれ？　しゅうちゃん、みかん買ってきてくれたん？」甥「だから、おばあちゃんが買ったってば（笑）」僕「3回目やけど、3回目にして初めて『しゅうちゃん』って呼ばれたわ！」姉「さっきまでなんて呼ばれてたん？」僕「ずっと『たっくん』やった」。全員爆笑。

もう、いいお歳ですから、いろいろスタートしちゃってるんだと思います。僕たちは普通に笑っていましたが、母は泣きながら笑ってました。たぶん、そんな自分にちょっとショックなんだと思います。

なので僕は、「誰がみかんを買ったかなんてどうでもええねん。みかんを見て、『あれ？　これなんていう物体？』とか言い出したらさすがにあかんけど」とツッコむと、母は「ホンマやねぇ。じゃあまだ大丈夫やわ」と言いました。

こんなひねりの利いた返し、普段からツッコミばっかりやってる息子やから言えたんだと思うと、お笑いをやってて良かったなと思えた大晦日でした。

上京してから実家に帰ったときのこと。ちょうどお昼時に帰ったので、お昼ごはんに出かける流れになると思ってて、おそらく近所の「和食さと」に行くのだろうと予想していたら、まさかのカフェランチでした。

70代の両親と、まさかセット価格１５４０円のカフェランチを食べることになるとは思ってもいませんでした。

食べてる途中に父親が、最近甥っ子に視聴の仕方を教えてもらったというYouTubeを有線のイヤホンをつないで観出したときは、絶対に和食さとのほうが良かったやんと思いました。ちなみに、なぜかガクテンソクの動画を観てました。

あと、カフェまで歩いて行ったのですが、父親が信じられないくらい歩くスピードが落ちていたので、手押し車を買ってあげることにしました。

家に帰って、それを誕生日プレゼントとして渡すということを伝えると、明らかに上機嫌になり、居間で横になっているのに、信じられないくらい話しかけてきました。うれしかったんでしょうね。かわいいおじいちゃんです。

最近少し〝アホになってきている〟と自分で言っている母親は、何回か僕の名前を間違えたり、僕が東京に住んでいると伝えると、毎回初回のように驚いたりしていましたが、それ以外はとても元気そうでした。

父親が車で駅まで送ってくれると言ってくれて、エンジンをかけに外に出て行ったのですが、すぐに戻って来て「鍵忘れたがな」と、でっかい独り言を言いました。それを聞いた母親が、「それがキーポイントやね」と言いました。そして、言い終わりにすぐ僕の方を見て、「こんなんだけはすぐ思いつくねん」と言ってきました。

いや、どんなんだけすぐに思いつくねん！

アホになってきていると言いつつ、場面場面ではキレキレなようです。かわいいおじいちゃんとキレキレのおばあちゃんに会いに、また実家に帰ろうと思います。

結婚

自己紹介でもお伝えしましたが、絶賛、独身けもの道徐行中（↑「独身街道爆走中」が悪化した言葉）の僕です。

42歳にもなりますと、「結婚せえへんの？」「結婚願望ないん？」「え？　バツなしで独身？」なんて言葉をよく投げかけられます。

「いやいや、わざとしてないわけじゃないし、人並みに願望はあると思うし、バツなしの42歳独身ってそんなにヤバいの!?」

あと、仲のいい後輩からは、「奥田さんは結婚無理です。絶対に無理です。諦めてください」なんて言われています。どんな言われようやねん。ほんで、そんなこと言いながらいつも俺の飲みの誘いに乗ってくれてありがとうな。また頼むわな。

世の中に「40代　独身　男性」という同志はどれくらいいるのかを調べてみますと、こんなデータがありました。

40〜44歳　32・2％
45〜49歳　29・9％

約3人に1人が未婚ということです。

「なんや！　けっこう仲間いるんやん！」なんて思ってたら、こんなデータもありました。

40歳男性が5年以内に結婚できる確率は12・8％、45歳男性の場合は9・6％

……しんど。同志たちよ、この現実に風穴を空けてやろうぜ！

と言いつつ、そもそも僕は結婚したいのかというと、ちょっと違うのかなと思います。僕は結婚はしたいというか、養いたいと思っている人間で、「男として生まれたんじゃけぇ、女ひとり子ふたりくらい養えんでどうすんじゃぁ！」という、まぁ広島弁は関係ないのですが、そういう古くさい考えを持っている人間です。

世の中、さまざまな考え方があることはわかっていますが、僕個人としては、現在はこんな考えです。

「現在」とあえて付けたのは、昔からこういう考えではなかったということです。

僕のこの謎の「養いたい願望」は、「芸人という仕事で養いたい」ってことです。ここが非常に重要です。

僕も過去にお付き合いしたことはあって、結婚を意識したこともあります。ではなぜしなかったのか。あるいは、できなかったのか。それにはさまざまな理由がありますが、芸人という仕事が原因となったところもあります。

「収入も不安定だし、いつまで続けられるかわからないし、辞めたとしてもなんの資格もないし、そんなんで家庭を持っていいのか？　そもそも、両親や姉や親戚など、すでに存在している家族を幸せにできてないやつが、家族を増やしていいん⁉」と、考えていた時期もありますし、最後の「家族を増やしていいか」の部分に関しては、相方に結婚報告をされたときに、直接言った覚えもあります。うん、そりゃ仲悪くもなるわね。

その後、僕の考えに変化が起きるきっかけがありました。それは、辞めていく芸人が言った言葉でした。

「まだお笑いは続けたいけど、家族のために辞める」

僕は口にはしませんでしたが、こう思いました。

「『家族のために』は、ある意味では『家族のせいで』に変換できてしまわないか？」

決して、そんな覚悟で彼が言ったわけではないと思いますが、こういう風に、嫌なほう、嫌なほうにとってしまう人間なんです。

そして、自分の考えとその思いを照らし合わせてみました。

芸人っていう仕事のせいで、結婚できひんって言ってるのと一緒やん！　ダサっ！

その瞬間、全部が逆になりました。「芸人として、堂々と家族を持とう。そして、家族のためにお笑いを続けられるようになろう」と思うようになりました。

そう思ってから数年、結婚の気配は未だゼロです。むしろマイナスかもしれませんが、『THE SECOND』で優勝できたことによって、すでに存在している家族を幸せにするメドは少し立ちました。ということは、未来の家族を見つけるフェーズに入ったということです。せっかくの機会ですから、未来の家族に向けたメッセージでも書いてみます。

まだ見ぬ伴侶へ。

僕はめちゃくちゃ性格もこじらしていますから、おそらく理解できない言動が目立ってると思います。けど、どうか受け流してください。

金遣いは荒くないけど、クレゲとか、きっと納得はしにくい使い方をたくさんしてしまってることでしょう。でもスルーしてあげてください。

もちろん、女心は全然わかりませんから、きっと気持ちを逆撫でするようなこともたくさんしてるし、たくさん言ってるんでしょうね。けど、絶対にしばかないでください。

そして、口数は異常ですよね。僕がしゃべり出したときは、とにかく耐え切るという覚悟だけ決めてください。

酒に関しては、海賊と同居してると思ってください。

ひとり暮らしが長いので、家事はなんでもできますが、それでも分担でお願いします。

それでは引き続き、よろしくお願いします。

よし！　書いてて自分でもちょっと引きました！　まだまだ独身っぽいな！

奥田修二

上京漫才師

2章

舞台という場所

僕は舞台が好きです。客席のお客さまの笑い声が好きで、それに一喜一憂している舞台に立っている芸人さんが好きで、楽屋の芸人さんたちが好きで、舞台の運営に携わってくれているスタッフさんのことも好きなので、すべてを含めて舞台が好きです。よしもとの芸人にとって「舞台」という言葉は、いろいろな意味を含んでいるように思います。そもそも「舞台」ってなんなんですかね？　ちょっとWikipedia先生に聞いてみます。

舞台（ぶたい、英：stage）とは、演劇やダンス、伝統芸能や演芸など、舞台芸術の表現者が作品を演じるための、一定の空間。転じて、舞台芸術に属する作品のジャンルを指し「舞台」と呼ぶこともある。また、演壇などの、舞台に類似する機能をもった一定の空間や機構を指し、舞台と呼ぶことがある。ここから派生して、特定の人物や集団が盛んに活動を展開する場を指し、抽象的な意味において、舞台と呼ぶこともある。機構としての舞台や、舞台の様々な様式については、劇場を参照。

はいはいはい。うんうんうん。そうそうそう。確かにそうなんやけど、もう少し何かほしい感じがするのよね……あれ？　最後に「劇場を参照」って書いてるよ？　じゃあ参照してみましょう。

劇場（げきじょう）とは、映画や演劇や歌舞伎・舞踊・オペラ・バレエ・コンサートなどを観客に見せるための施設。主に上演されるコンテンツ……。

この後、これの3倍くらい書かれていましたが、僕が書きたいこととはたぶん違うので端折らせていただきました。ただ、よしもとの芸人は舞台のことを「劇場」と言ったりもするので、その点では参照になってます。

先輩「今日は仕事なんやったん？」
後輩「今日は劇場でした」

この場合の劇場は舞台と同じ意味です。あと、舞台の英訳である「ステージ」を略して「ステ」と言う場合もあります。これは、1日で複数回舞台に立つときによく使います。

先輩「明日は仕事なんなん？」
後輩「明日は漫才5ステっすね」

漫才のところはコントになることもありますし、営業になることもあります。よしもとの芸人において「舞台」という言葉は、もちろん「場所」という意味はありつつ、「仕事の種類のひとつ」だったりもします。あとは「テレビの対義語」だったりもします。

後輩「最近、舞台出てはるんすか？」
先輩「収録ばっかりで舞台立ててないわ」

あと、よしもと芸人それぞれによって、他人と自分を測る「物差し」だったり、選ぶか選ばないかの「道」だったり、さまざまな意味を持っていると思います。

先ほどからわざわざ「よしもと芸人」という書き方をしているのは、よしもと以外の事務所の芸人さんとは一線を画しているという言葉だと思っているからです。

あと、わざわざ「よしもと以外の事務所」と書いたのは、僕が「他事務所」という言葉を使うのが恥ずかしいからです。よしもとの社員さんや、明らかによしもとを代表している芸人さんが使うのは大賛成です。今の僕が使うことが恥ずかしいということです。他事務所って「よしもとか、それ以外か」ってことでしょ？　いや、ローランドやないんやから。

よしもとにとって、ローランドさんくらいの男になれたら、いつか使います。

話が爆裂に逸れましたが、よしもと以外の事務所の芸人さんが言う「舞台」は、立つ場所やある場所だと思うので、しっかり「場所」という意味だと思います。よしもと芸人の使う「舞台」という言葉は、きっと「ライブ」です。逆によしもと芸人って、あんまり「ライブ」って使わないので、よしもと以外の芸人さんにとって「ライブ」という言葉が、いろいろな意味を持っているのでしょうね。

まぁ、そんな感じでいろいろと書いてきましたが、では僕にとっての「舞台」はなんだろうと考えてみると、んー、場所？

「いや、結局場所なんかーい！」

脳内で髭男爵さんが乾杯をされた皆さま、お疲れ様です。長々と書いてですからね。あまりにもフリすぎでしたもんね。わかります。僕の脳内でもひぐち君が肩を揺らして笑っていますから。けど、いろいろ書いた結果、それらすべてが集まる「場所」と考えるのが、自分の中で一番自然だったんです。

自分が舞台に立ち始めたとき、舞台は「めんどくさい場所」だったと思います。準備をしないといけないし、覚悟を決めないと震えて立てない場所という意味です。覚悟を決めないと立てないので、めんどくさい場所だったわけです。

けど、その場所があったから、今の僕があるのは間違いないことですし、その場所で育てていただいて、成長を実感させていただいて、さらに課題を見つけさせていただいたので、まだまだお世話になる気満々の場所です。

ガクテンソクを観に、またぜひ舞台にお越しください。ガクテンソクは、いつでも皆さまを舞台でお待ちしております。

ネタ作り

漫才は、まあやっぱり好きです。

「まあ、やっぱり」みたいな、ちょっと気になる書き方をしてしまっているのは、同じネタを同じままずっとやり続けるのは好きじゃないので、すべてにおいて「漫才が好き！」と言えるわけではないからです。漫才そのものや漫才を取り巻いている環境の90％以上は好きなんですけどね。

生の舞台で披露する以上、漫才のネタもナマモノであってほしいというか、せめて「ナマモノ風」にはしていきたいという思いがあるのですが、そのために必要なのが「ネタ作り」です。しかし、このネタ作りという作業が、まぁぁぁぁぁめんどくさいわけです。僕は、ってことね。好きな人は好きらしいですから。

ガクテンソクのネタは、現在10対0で僕が台本を作っています。もちろん台本の完成を10とした場合の数字なので、相方の意見が加味された場合などはそれが10・1、10・2と増えていくイメージだと思ってください。

これを相方に言ったら、「いやいやいや、いやいや……」と、ネチャネチャした口調で言ってくるだけでしょう。僕の「相方の意見を小数点以下にする」というボケには気づいてくれないと思います。

「誰の意見が小数点以下やねん！　円周率くらい無限に言うたろか！」なんて言ってくれたら、頭とアゴをよしよししてあげるんですけどね。

ただ、本人からは出ないですけど、こちらがおもしろいと思ってるポイントはある程度わかってくれているので、おもしろポイントをしっかり説明しなくて済むのは、長年一緒にやっているからでしょうね。新ネタをおろしたとき、どうやらネタ合わせの時点ではピンときてなかったくせに、本番でウケたあと、「あそこ、やっぱりウケたなぁ」と、つじつまを合わせるかのように話しかけてくることもありますが。

ネタ作りで一番大変なのは、僕の場合は「方向性」です。方向性が定まっていないときは、だだっ広い海の沖にポツンと浮いているような感覚で、どこに泳ぎだしても無駄な労力に感じてしまい、身動きが取れなくなってしまいます。いざ方向性が決まれば、息継ぎなしのクロールでどこまでも泳げるタイプなので、僕の場合は、とにかく方向性が決まるまでが勝負です。

そういうときは、お笑いと関係ない動画を観たり、本を読んだりして、何かしらのインスピレーションを求めたりします。

いつかのネタ作りのとき、かなり長い時間海に浮かんでましたが、CMも飛ばさず、ひたすらボーッと観続けていたYouTubeから、アニメ『マクロスF』のオープニング曲「ライオン」が流れてきたときに、目の前が一気に広がりました。理由はまったくもってわかりませんが、とにかくこの瞬間に一気に勝負が決まりました。ちなみに、オリジナルではなく、鈴木愛理さんのカバーバージョンでした。

ネタがある程度書けたあと、感謝の気持ちでもう一度その動画を観ようとしたのですが、視聴履歴に入ってなくて、検索をしても、出てきた動画が微妙に違うんです。鈴木愛理さんの衣装とかも違うし。1回目に観た動画をなんとか探そうとしたのですが、どうやっても見つかりませんでした。

「行き詰まっていたせいで、僕はもしかしたら幻を見たのかもなぁ」なんて思っていたのですが、いろいろと検索した結果、自分が観た動画を見つけました。しかも「ライオン」じゃなくて、『鬼滅の刃』のオープニング曲「残響散歌」でした。いろいろと残念ですが、ネタ作りに集中してたってことで自分を許してます。

基本的に、新ネタをおろすライブがない限り新ネタは作りませんが、新ネタの要素になるものは常に考えています。気になるものはすぐにメモりますし、思いついたフレーズはボイスメモに録音します。

電車で思いついてしまったときなどは、車両の端っこに行って、ものすごい小声で録っていたります。走っている最中の車両で急に動き出すと変な人に思われそうなので、駅に着いたタイミングで、「さぁ降りようか……あ！　違うわ！　次の駅や！」みたいな動きをしてまで録ってます。そういう思いつきのメモが、新ネタを作るときになって、未来の僕をよく助けてくれてます。

僕にとってネタ作りは、筋トレの要素もあると思います。お腹を思いっきり引っ込ませて、少しだけ緩めた状態を常に保って生活するような感覚です。常に何かしらを考えていることで、いざとなったときに動けるようにしていたいんでしょうね。

あと、その筋トレが活きるかどうか、活かせるかどうかを試せるのが新ネタなので、やはりめんどくさいけどネタ作りをやめないんでしょう。筋トレも僕にとってはめんどくさいものですけど、筋トレよりはかなり早く成果が目に見えますし、あと、めんどくさいことを自分からやるって、めっちゃ自己肯定感が上がる作業らしいので、心身の健康のためにも、今後もネタ作りは続けていこうと思います。

移動時間の過ごし方

仕事柄、新幹線に乗らせていただく機会が多いほうだと思うのですが、その車中での過ごし方が、いつもあまり上手くいってない気がしています。

新大阪─東京間や、新大阪─博多間だと、片道で2時間30分くらいあるので、本を読んだり、映画を観たり、ネタを書いたり、動画の編集をしたり、いろいろできるなぁと思って、パソコンやら、読みかけの本やらをカバンに詰め込んで、普段の1・4倍の重さのカバンを背負い、意気揚々と新幹線に乗り込みます。

そして、寝ます。

マジで無駄！！！！

その反省を活かして、次に乗るときもどうせ寝るから、必要最小限の荷物で新幹線に乗り込むと……。

目ぇギンギン。

いや何してんのマジで!?

どういうこと？　1・4倍の重さが、適度な疲労を呼んで、心地よく寝られるみたいなこと？

新幹線で過ごす時間、100時間につき、おそらく、70時間は無駄にしていると思われます。ほぼ3日、そして、100時間以上過ごしているので、間違いなく、僕の人生は、皆さんの人生より、体感的に短いと思われます。

そして今、名古屋から新大阪に向かう新幹線の車中で、僕を、猛烈な眠気が襲っています。

おそらく、乗車直前に、「ちょっと名古屋っぽいことしとこう！」と思って、特にお腹が空いているわけでもないのに、きしめんを胃にぶち込んだせいだと思われます。

「あかんよ！　あと30分くらいで着くよ！　これくらいで寝ちゃうのが、一番寝過ごすのよ！　新神戸で気づいたらええけど、岡山くらいで気づいたら地獄よ！　無駄な時間を、自分でマシマシにすることになるよ！　ほんで、折り返しでも寝ちゃって、結局、また名古屋に戻ってくるとかあるから！　そうなったら、逆に笑けて、もう一回きしめん食うよ！　あなたはそういう男なんよ！」

なんとか自分を戒めることに成功しました。

そういえば、旅行を目的として新幹線に乗ったことは、人生で3回くらいしかないんですよね。

旅行であれば、車中の時間も、行き先の情報を調べたりして、なんやかんやと楽しく過ごしてるけど、仕事の移動としての新幹線やから、無駄に過ごしちゃうのかもしれません。

いや、違いますわ。

旅行でも、帰り道は寝てましたわ。

「なんなん俺！　めっちゃ寝るやん！　大人って、こんなに寝るもん⁉」

すいません。新幹線での過ごし方の上手い・下手ではなくて、ただただ、僕が寝過ぎというだけの問題でした。お騒がせしてすいません。

よしもと楽屋事情

楽屋が好きです。ここで言う楽屋とは、劇場の楽屋のことです。テレビ局にも楽屋がありますが、そちらの楽屋では基本緊張してますから。あ、でもそちらの楽屋にはおいしいお弁当が置かれているので、それはそれで好きかも。ただ、今回は劇場の楽屋のお話です。

2011年に「5upよしもと」という劇場ができて、劇場に連動したかたちで、関西で3つのテレビ番組が生まれました。ちょうどその頃、麒麟の田村(裕)さんに銭湯に誘っていただいたとき、露天寝湯で夜空をふたりで見上げながら田村さんから、こう言っていただきました。

「今、5upはチャンスやぞ。テレビのスタッフさんが、出演者探しで劇場にめっちゃ来てるやろうから、舞台がテレビにつながるぞ。そういうときは、楽屋をがんばるねん。楽屋で起こったことが舞台につながって、舞台で起こったことがテレビにつながるからな」

僕も「確かに！」と思ったのですが、当時28歳の僕、周りの芸人たちもほとんど20代ということで、楽屋では舞台で言えるわけもない下品な話ばかりしていて、結果、テレビ番組もすぐに終わっていきました。テレビで使える話をできてなかったから番組が終わった。田村さんのお言葉を逆側から証明したかたちですね。先輩に恥をかかせなくて良かったです。

僕たち世代は逆からの証明になってしまいましたが、確かに若手劇場の楽屋ではこの理論は正しくて、「よしもと漫才劇場」になってからは、見取り図の盛山（晋太郎）、コロコロチキチキペッパーズのナダル、霜降り明星のせいやなどの「楽屋を沸かした芸人」が、しっかり売れていきましたから。マンゲキのみんな、マジで楽屋がんばれよ。俺らみたいになるなよ。

しかし、僕たちが今いる楽屋は、やはりその当時の楽屋からは変わっていて、各々に各々の立場があって、芸歴の幅も広く、いろんな人が集まる集合場所というような風情があります。

東京に出て来たてで、楽屋に居場所がないと感じたときは外に出て、流れでクレゲにハマった頃とは違い、ようやく楽屋に少しですが自分の居場所ができてきたように思います。

楽屋って、なんとなく座り位置が決まってくるんですよ。

ルミネだと楽屋が6つあって、芸人たちでなんとなく呼んでる名前でいうと、次の6つがあります。

師匠楽屋
女性楽屋
打ち合わせ部屋
畳楽屋
新喜劇楽屋
若手ゾーン

師匠楽屋にだけ「○○様」と書かれた楽屋貼りがありますが、ほかは基本自由です。

まあ、女性楽屋はもちろんその名のとおりなので、残りの4つが自由なんですが、自由が故にいろいろあるんです。

「畳楽屋は先輩が使いがちなので、自分はさすがにまだ早いよな」とか、「新喜劇楽屋は、土日にユニットコメディーがあるとき以外は中堅が使えるけど、そこに居場所を作ったら、土日は路頭に迷ってしまうぞ？」とか、「打ち合わせ部屋は狭いから、まるでひとりになりたいみたいで、中堅のくせに尖ってるって思われるんじゃないか？」とか、「若手ゾーンにいたら、若手から煙たがられるよな。だって、俺が実際若手の頃煙たがってたし」などなど、いろいろと考えてしまって、なかなか居場所が決まらないんです。

ですが、ある日、相席スタートの山添（寛）が、その日上から2番目に先輩だったジョイマンさんに言いました。

「ジョイマンさん！　今日のメンツ見てください！　若手ばっかりですよ！　若手ゾーンに人が溢れてます！　いつまで新喜劇楽屋にいるんですか！　今日は畳楽屋に入ってください！　ジョイマンさんが畳楽屋に入らないから、ガクテンソクさんが若手ゾーンに来てしまうんですよ！」

うん。薄々は俺たちも気づいてたよ。なんか、若手ゾーンにおるなぁって。けど、まさかジョイマンさんに当てた言葉で、ビリヤードのバンクショットのように伝えられるとは思ってなかったよ。逆にやさしすぎ。羽毛布団で殴られた感覚だよ。

その日から、僕たちのルミネでの楽屋は新喜劇楽屋になりました。

新喜劇楽屋では後輩のほうですから、やはりドア付近に座るようにしてたのですが、最近劇場入りすると、ドア付近の席が空いてるようになってきてて、どうやらそろそろ僕の居場所ができてきたっぽいです。

せっかくなので、現在の新喜劇楽屋の住人をご紹介してみましょう。

はりけ～んず前田（登）さん、COWCOW多田（健二）さん、レイザーラモンさん、くまだまさしさん、佐久間一行さん、とろサーモン村田（秀亮）さん、ジャルジャル福徳（秀介）さん、ジョイマンさん、しずる村上（純）さん、サルゴリラさん、ライスさん、フルーツポンチ村上（健志）くん、トレンディエンジェル斎藤（司）さん、トット桑原（雅人）、ガクテンソク、ジャングルポケット、といった感じです。こんなメンバーでルームシェアをしております。

「いや、こっちはこっちで溢れてきてるでー！　なんなら若手ゾーンのほうが人少ない日あるけどー⁉　太田（博久）とおたけはそっち行けよー！　ほんで、ジョイマンさん帰ってきてるなー⁉　楽屋の出戻り聞いたことないでー！」

まあ、中堅が増えまくっているという今の情勢を物語っていますね。

ちなみに新喜劇楽屋では、みんな中堅すぎて、保険の話、税金の話、濃すぎるゴシップなどなど、相変わらず、到底テレビでできるわけのない話ばかりしています。

営業での出来事

営業の楽しみのひとつが、やはり楽屋のお弁当です。

昔、どこかの営業先で出たお弁当のおかずの中に「たまご焼きのフライ」が入っていたことがあります。普通のたまご焼きもあるのに、なぜかそれも入っていました。っていうか、さっきから「たまご焼きのフライ」ってサラッと言ってるけど、それ何？

ですよね？　僕も見た瞬間はコロッケか、貝柱のフライだと思いました。なので、口に入れた瞬間の違和感がハンパなかったです。楽屋の全員が同じ気持ちだったのでしょう。みんなでたまご焼きのフライについて盛り上がっていました。

すると、若手楽屋の扉が開きました。中川家の礼二さんでした。楽屋に入ってこられての第一声が、「お前ら弁当食うた？　あれなんんや？　どういう意味やねん？」でした。

そして、「ちょっと、社員に弁当屋の連絡先聞いてきてくれ」という流れになり、本当にお弁当屋さんに電話をかけてこう言いました。

「あのー、わたくし吉本興業の中川家の礼二と申しますけども、今日、よしもとのイベントにお弁当届けられましたよね？　みんなでおいしくいただいたんですけど、そのおかずの中に、たまご焼きのフライが入ってますよね？　あれはその、なんで揚げようと思われたんですか？」

お弁当屋さんは軽いパニックを起こされていました。そりゃそうですよね。電話に出たら中川家の礼二さんで、たまご焼きを揚げた理由を聞かれるなんて、電話に出る前に想像できるわけないですもん。

テンパっている店員さんに、「あ、クレームじゃないですよ。単純な疑問です。なぜ、たまご焼きを揚げることにされたんだろうというね」と、まさかの追い討ち。たぶん普通のクレームのほうがマシだったと思います。

最終的には店員さんも落ち着いて、みんなでお礼を言って一件落着となりました。

このように、お弁当のおかずひとつで大事件が起こるのが営業という仕事です。

同期のこと

ガクテンソクには「同期」と呼べる人たちがたくさんいます。枚挙にいとまがないので、詳しくはWikipediaの「吉本総合芸能学院（NSC）」の大阪27期と東京10期を調べてください。調べてみると、意外な人の名前に驚くと思いますよ。虹の黄昏の野沢（ダイブ禁止）さんとかね。

ただ、そこに「ガクテンソク」の文字はありません。なぜなら我々は「一般」だからです。「オーディション組」と呼ばれたりもします。これらは、NSCに入学せずによしもとに所属した人たちのことを指している言葉です。ミルクボーイも同じ境遇ですので、もちろんWikipediaに名前はありません。

そう思うと、ミルクボーイってめっちゃ同期なのに、わりと普通の同期くらいの関係性ですね。これからは内海（崇）ともっと仲良くしよう。ゴルフも誘おう。

今でこそ、NSCだろうが一般だろうが、分け隔てなく接し合っていますし、なんならよしもと以外の事務所の人とも、いわゆる「同期感」を持って接することができていますが、よしもとの劇場に出入りしだした頃は、まったくそんな空気ではありませんでした。

あの頃は、NSCを同じタイミングで卒業した人たちだけが「同期」と呼び合い、一般・オーディション組は蚊帳の外でした。なので、ライブでみんながNSCの話で盛り上がりだしたときは、「へぇ〜」という、二酸化炭素だけを吐き出す生き物になっていました。

今なら、完全にウソのNSCの話を作って、周りからツッコんでもらうみたいなこともできるんでしょうけど、あの頃はみんなとの関係性も、そんな発想も、実行する度胸も、オトしきる自信もなかったので、ただの「二酸化炭素吐き」になるしかなかったんですね。

NSCを経験していないことで、何かしらの不自由があったのかどうかは、なんせそちら側を経験していないのでわかりませんが、同じ芸歴の芸人さんたちと、仲良くなりにくいということはありました。

それでも、1年目の大トガリ勘違い野郎の僕は、「ハンッ！　な〜にがNSCだ！

お笑いは誰かに教えてもらってできるもんじゃねぇんだよ！　センスなんだよ！　セ・ン・ス！　しかも、40万も払ってるらしいじゃねぇか！　その時点で俺たちのほうが、＋40万なんだよ！」なんて思ってました。あと笑い飯哲夫さん、千鳥さんが一般・オーディション組だったことも、勝手に自分のプライドにしていたと思います。

うん。仲良くなりにくいとかじゃないね。こいつ自身の思想が悪すぎるね。こんなやつのこと誰が好きになんねん。

最初の頃はその気持ちで乗り切っていましたが、芸人を続けていくと、いろいろとお笑いのことで悩みも増えていきます。そうなったとき、僕には相方しかしゃべり相手がいなかったのですが、その相方が悩みの種になっていったので、同じような悩みを持っている芸人さんと、この気持ちを共有したいと思うようになり、「同期の芸人としゃべりたいなぁ」という気持ちが芽生えてきました。

ただ、あとから聞いたのですが、僕の最初の態度が悪すぎたので、同期からバリバリ嫌われてたみたいです。なので、同期との距離感はいっさい縮まりませんでした。

そんなとき、出演したライブの打ち上げで、「同期やんなぁ⁉　ほな一緒に飲もうや！」と、共演していた同期のタナからイケダの田邊（孟徳）が声をかけてくれました。僕は、「おぉ。全然ええけど」とそっけなく返しましたが、実際は「うわー！　やった！　同期って言われた！　初めての感覚！　うれしー！　恥ずかしー！　大好きー！」と思っていました。

そこでいろいろな話をして、田邊はコミュニケーション能力がすごく高いので、田邊の相方の池ちゃん（池田周平）や、現トットの多田（智佑）ちゃんともつないでくれました。

これもあとから田邊に「なぜあのとき話しかけてくれたん？」と聞いてみたところ、「なんでやったかな。たしか、みんなにめちゃくちゃ嫌われてたからやわ。けど俺にはそんなに悪いやつには見えへんかったから、話しかけて確かめようと思って。まあ、みんなが言ってた方向に悪いやつではなかったけど、違う方向でめっちゃ悪いやつやったけどな（笑）」と答えていました。んーと、どういう意味？

僕の中で、後輩は「センス」を教えてくれる人で、先輩は「技術」を教えてくれる人となっています。じゃあ同期は？

今までまったく考えたこともなかったんですが、この年齢になって、今の状況になって、おぼろげながら「同期」というものが見えてきた気がします。

同期はたぶん「方向」を教えてくれる人です。

背中でセンスを感じながら、技術を追いかけている日々で、横並びの同期たちが、自分の走る方向を教えてくれるんだと思います。

同期たちとは、最初は「いっせーのーで！」で同じ方向に向かって競走をして、そのレースを勝ち残ったら、そこから障害物競走です。この障害物競走は時間無制限のレースなので、自分がゴールしたとき、周りにはもう誰もいません。誰がゴールしたのかリタイアしたのかさえわからない状況で、そこからは孤独なマラソンです。

頭のどこかで「スタート地点で一緒にゴールするって約束をしたあいつが、もしかしたらゴール前で待っててくれてるかも」なんて思いながら、ひとりで走り続けるんでしょう。

この年齢になって、孤独なマラソンが始まって、ようやく「同期」というものが見えてきた気がしました。

後輩のこと

人生で初めて飲みに誘った後輩が、吉田たちのふたりと、ダブルアートの真べぇです。なかなか後輩ができなくて、2年以上「一番下の後輩」をやっていたので、誘う第一声はめちゃくちゃ緊張したのを覚えています。誘われた側が緊張してしまうような、変な誘い方だったと思います。

当時のbaseよしもとのオーディションの壁がぶ厚かったので、僕たちより後輩が入ってくるまで2年ほどかかってしまったわけです。

一番下の後輩をやっているとき、たくさん先輩たちに奢ってもらいましたし、その先輩たちはよく、「俺らも先輩に奢ってもらってたから、お前らに返してるだけやから、俺らに恩返しとかいらんからな」と言っていました。

僕は、「うわー！　よしもとー！　テレビで聞いてたやつー！　俺も早くそれ言いてー！」と思っていたので、僕は2組が劇場のバトルライブを勝ち上がったその日に声をかけました。

その当時は、僕たちがbaseよしもとのバトルライブで勝ちまくっていたし、彼らは2軍で、僕たちは1軍に上がっていたので、立ち場的には誘いやすいはずだったのですが、それでもめっちゃ緊張しました。

緊張しながら声をかけて、吉田たちと真べぇが僕の後ろをついて歩いてるのを、よしもとのスタッフさんたちに見られたときは恥ずかしくて、「今から双子とデブ連れて飲みに行って来ますわー！」と、まったく目的がわからない、ただただ3人に失礼な照れ隠しをしてしまったのを覚えています。

それが今や、「こうへいは？　このあとはマンゲキ？　なんもないんやったら、終わりでどこか行かへん？」と仕事終わりに吉田たちに声をかけるまでに。

なんとスムーズなことでしょう！　いったん、後輩のスケジュールも確認しつつ、「何か予定があった場合は全然断ってや」のテンション！　見事な誘い方です！

こうへいが、「ぜひお願いします！」と、これまたスムーズな受け答えをしてくれると、横にいたゆうへいが、「このあと行きはるんですか？　僕もいいですか？」と言ってくれたので、もちろんオッケー。

するとこうへいが、「いや、お前はあかん」と言ったら、すかさずゆうへいが、「いや、兄さんがいいって言うてくれてはるねん！」と返していました。

僕の飲みの誘いから、コンビが1ラリーのボケとツッコミをしてくれるなんて、最高の誘い方ができた証拠です。初めて誘ってから15年経ちましたが、そこだけは僕も成長できたんだと実感しました。

先輩のこと

　僕は常々、「センスは後輩のもの」と口にしています。

　世の中の「おもしろい」というものは、芸人以外の人が決めていると思っていて、スタッフさんや社員さんなど、芸人に関わってくれているさまざまな芸人以外の人が感じる「おもしろい」が、その時代の「おもしろい」だと思っています。その中でも特にお客さまたちの「おもしろい」が、一番その時代の「おもしろい」を表していると思っている人間なんです。

　その理屈でいくと、昨日まで客席にいた芸人1日目の人こそが、一番お客さまの感覚に近いということになるので、その考えに基づいて、「センスは後輩のもの」という言葉に行き着いたわけです。

「え？　ってことは、先輩は？　先輩のことはセンスない人間やと思ってるってこと？　激ヤバ後輩やん！」と思われるかもしれませんが、そこは全然違います。

確かに、自分がお笑いを志したときからは、時代も変わりましたし、世の中の「おもしろい」は変わり続けていますが、その変化に対応して、2種類の「おもしろい」の最大公約数を導き出せる「技術」があるのが先輩だと思います。

僕の中で「恩人」といえば、もちろん笑い飯さんとなります。笑い飯さんがいなければ僕は漫才をやっていませんから。こんな素敵な世界に出合わせてくれた大恩人です。

そして、この世界で漫才をやってきて、心の中で「先生」と呼ばせていただきたい方々にもお会いできました。博多華丸・大吉さん、中川家さん、海原やすよともこさんです。このお3組の漫才を舞台袖で勉強させていただいていると、「漫才先生……!! 漫才がしたいです……」と、『SLAM DUNK』の三井寿の名言みたいな言葉が頭をよぎるくらいの大先生です。

ほかにも尊敬している師匠も先輩もたくさんいらっしゃいますが、その中でも少し特別な感情を持っている先輩がいらっしゃいます。それは東京ダイナマイトのハチミツ二郎さんです。

僕は自分がお笑いをするまで、お笑いのライブをほとんど観に行ったことがなかったんですが、実は東京ダイナマイトさんの単独ライブには行ったことがあるんです。地元の小学校からの同級生、『相席食堂』にも出てくれた「うっちゃん」と、中学からの同級生である「よじょうちゃん」と、よく3人で集まってお笑いのDVDとかを観たりしていたんですが、特に東京ダイナマイトさんのDVDが3人とも大好きで、DVD全種類を3人で観きっていました。

なぜかちょっとお笑いにトガってる、イタめの素人3人衆だったんですが、ダイナマイトさんはとにかくカッコよくて、イタ素人を見事に魅了してくれたんです。僕らが2005年のM－1に出たあとも東京ダイナマイトフィーバーは止まらず、なんなら敗者復活戦で同じ舞台に立ったという事実で加速しました。

もう好きすぎてホームページを調べていたら、ちょうど全国ツアーのお知らせが出ていて、しかも大阪公演があることを知って、すぐにほかの2人に連絡して、マッハでチケットを3枚取りました。会場は「ワッハ上方」、今のよしもと漫才劇場でした。漫才最高。企画も最高。コントも最高。グッズも最高。気がつくと、「いつかこういう単独ライブができたらいいなぁ」と、まるで自分が芸人になったような気で感想を言っていました。ちなみに、その年のM－1は、そのときに買ったグッズのTシャツを衣装にして出場しました。イタいオタクです。

それから9年後、学天即として初めてなんばグランド花月（NGK）で単独ライブをするとなったとき、笑い飯さん、ダイアンさん、そして東京ダイナマイトさんをゲストに呼ばせていただきました。

笑い飯さん、東京ダイナマイトさんはもちろん僕の希望ですが、ダイアンさんは、相方のたっての希望でした。その頃どうやら西澤さん（ユースケ）のボケ方に憧れていたようで、その雰囲気を僕にだいぶ醸していたのですが、今や津田軍団のリーダーです。人間、何があるかわかりません。

その日の打ち上げでハチミツ二郎さんに、「昔、俺らのTシャツ着て漫才してたんだろ？　銀シャリの橋本（直）から聞いた覚えがあったんだよ。それで、そういえば昔、M－1の予選の映像見てたとき、『俺らのグッズ着てるやついるな』って思ってたんだけど、お前だったんだな」と言っていただき、感激しすぎて「あの、そうなんです、えっと、すいません！」と、大間違いのリアクションをとってしまったことも良くも悪くも、いやなかなか悪い思い出です。今こそすいません。

東京の劇場にも呼ばれるようになってからは、楽屋でもよくお話しさせていただくようになったのですが、その頃よく二郎さんが、旧Twitterで下町のおいしそうな飲み屋さんを紹介されていたので、その投稿をいつも見てますと言うと、「今日泊まりか？　行くか？」と言っていただき、ふたりで葛飾区で飲ませていただきました。そうです。両さん（『こちら葛飾区亀有公園前派出所』の両津勘吉）の街です。

老舗のモツ焼き屋さんで飲ませてもらったのですが、そこのハイボールは氷が入っていなかったんです。それを見て二郎さんに、「あれ？　このハイボール、氷入ってないんですね？」と聞くと、「女将さんに聞いてみな。東京っぽい答えが返ってくるぜ」と言われました。

それで、女将さんに声をかけると「氷？　入れてもいいけど、薄くなるよ？」と言われて、僕は「うわぁー！　大阪の逆の感じっすね！　大阪は氷でかさ増しで、酒の濃度薄薄ですもん！」と、あまりの驚きにめちゃくちゃ大阪を卑下したリアクションをとってしまいました。大阪にもいいところはいっぱいあります。本当です。

これを聞いた二郎さんは、「江戸っ子ってこうなんだよ。ベクトルは違うし口調も違うけど、大阪も東京も、下町の人間の気質は一緒だよ」とクールに答えてくれて、僕が二郎さんに感じていた魅力が、その言葉に詰まっている気がしました。

ひと言でいうと「粋」だと思うんです。東西で違う土地で、でも同じお笑いをやっているということは、方法や方向は違っても、やっぱり芸人は芸人なんですよね。

そこから氷なしハイボールで記憶がなくなるくらい飲ませていただきました。

今は体を悪くされていて、なかなか舞台でご一緒できませんが、今度ご一緒できたときは、できるだけ二郎さんの周りをウロウロして、とにかく視界に入るようにして、「ウロチョロするなよ。お前、東京に出てきたんだな。行くか?」と誘ってもらおうと目論んでいます。

Ｍ－１グランプリ

ガクテンソク（旧・学天即）の活動を語る上で、『Ｍ－１グランプリ』に触れないわけにはいきません。だって、Ｍ－１がなかったらお笑いをやろうとも思ってなかったですから。ただ、「ガクテンソクのＭ－１」というテーマは、すでにほうぼうでしゃべってきました。特に鬼越トマホークのYouTubeチャンネルでたくさんしゃべっているので、そのあたりはそちらでご確認いただくとして、ここでは僕個人の主観的な「Ｍ－１について」を書いていきたいと思います。

実は、２００１年のＭ－１はちゃんと観ていません。ゴールデンタイムの全国ネットのお笑い番組はいろいろ観ていましたが、コアなお笑い番組はほとんど観ていなかったんです。その頃のＭ－１は、コアに位置付けられていたと思います。

しかし、関西の年末の風物詩『オールザッツ漫才』というコアなお笑い番組だけは毎年観ていて、もちろん2001年も観ていたので、ハリガネロックさんが漫才中に、客席の『中川家』と書かれたうちわを見つけて、ユウキロックさんが「中川家ぇー⁉クソゥ！！！！」と叫んだシーンで、「この間あった大会で、中川家が優勝でハリガネロックが準優勝やったんやなぁ」と思ったのは覚えています。

しかし、その年のオールザッツ漫才で強烈に覚えているのは麒麟さんです。若手のショートネタバトルのトップバッターで出てきた麒麟さんの「だるまさんが転んだ」のネタで衝撃が走りました。

「こんなええげつない人たちがおったんや……」

その夜までまったく知らなかったのですが、調べてみると、どうやらM－1で目立った人たちらしいということがわかって、少しM－1に興味が出ました。

その頃の僕は、服屋さんでバイトをしていて、そこに僕と同じくらいの熱量のお笑い好きの先輩がいたので、年が明けた2002年は、その人とひたすら麒麟さんの話をしていました。

そして**2002年**の年末、やはりM－1は観ていなかったのですが、オールザッツ漫才でまたしても衝撃が走ります。その衝撃の原因はもちろん？

せーの、「笑い飯ーーーーっ！！！！」

きっと心の中でハモれましたよね？　そうです、笑い飯さんです。『ボキャブラ天国』も好きだった僕の感覚で表すと、シブくて知的な「シブ知」のＭＡＸを麒麟さんに叩きつけられて、バカでインパクトのある「バカパク」のＭＡＸを笑い飯さんに叩きつけられたイメージです。

まあ今思ったらお２組とも「シブ知」「バカシブ」「バカパク」「インパク知」のすべてを兼ね備えてたんですけどね。奥田青年のお笑い理解度なんてその程度です。ただの坊やでしたから。

そのときまで笑い飯さんのことを知らなかったので調べてみると、またまたその年のＭ－１で目立った人たちだということがわかり、「もしかして、Ｍ－１を観てない俺って、とんでもない大化け物（オオバケモノ）が生まれる瞬間を見逃してる大馬鹿者（オオバカモノ）なんじゃない？」と思ったわけです。韻を踏んでいることに気づいてはしすぎて、読み仮名まで書いてしまってすいません。

というわけで、来年のＭ－１は絶対にリアタイで観ると心に決めました。

そして、おそらく僕の中の何かを変えた、２００３年のＭ－１の日を迎えます。僕の中の「何か」を変えた笑い飯さんのネタといえば？

せーの、「奈良県立歴史民俗博物館ーーーーっ！！！！！」

これは何人かズレましたよね？　「県立」が抜けたり「歴史」が抜けたり「民俗」が抜けた人がいたんじゃないでしょうか。でも、それは仕方のないことです。だって、実はこんな名称の施設はないんですから。「奈良県立民俗博物館」ならあるらしいですが。

約4分の漫才で、2時間のバラエティ番組の特番で笑う量以上に笑いました。笑いながら、「え？　この笑い声って俺？　俺からこんな笑い声が出るなんて……」と、うっすら成人漫画のヒロインのセリフのようなことを思うと同時に、「ま、漫才すげぇ……」と、少年格闘漫画のモブキャラのセリフのようなことを思いました。

このときの衝撃を超えることは、もしかしたらこの先の人生ではもうないかもしれません。

昔からお笑いが好きで、なんとなく「お笑い芸人っていいなぁ。なりたいかもなぁ」くらいに思ったことはありましたが、僕の中で「お笑い＝バラエティ番組」で、それと自分が結びつくとは到底思ってませんでした。しかし、バラエティ番組を超える「漫才」を見たとき、なぜだか自分とお笑いが結びついた気がして、ふと「漫才やりたいかも。M－1出てみたいかも」と思いました。思ってしまいました。

その頃にはよじょうと仲良くなっていて、よく僕の家に遊びに来ていたので、録画したM－1と、笑い飯さんの漫才をめちゃくちゃオススメしまくって、ふたりで何回も観まくって、よじょうをしっかりM－1ファンに引きずり込むことに成功し、2004年のM－1はふたりで観ることになります。

2004年は完全に南海キャンディーズさんの年でした。山里（亮太）さんのツッコミで会場が揺れていました。

今までの漫才は、ボケで笑いを取るもので、笑い飯さんはWボケであり、それ即ちWツッコミなわけですから、ボケでもツッコミでも笑いを取っていたのですが、南海さんは完全にツッコミ主導で笑いを取っていて、「え？　こんなんアリなん？　エグい発明やん！」と思いました。

そこからいろいろあって（詳しくは鬼越のYouTube参照）、よじょうと「学天即」を組んで**2005年**のM－1に出場することになります。コンビを組むときによじょうが言った「俺、ボケしかできへんで？」というひと言のせいで、ボケをやるつもりが、ツッコミにまわることになったのですが、山里さんのツッコミを見たあとだったので、「あのパターンがアリなんやったら、まぁツッコミでもいいか」と、すぐに受け入れることができました。今でも言ってますが、漫才におけるツッコミに関しては、間違いなく「山里以前・山里以後」に分かれると思います。
学天即の初舞台である1回戦は「面接」がテーマの漫才コントでした。学天即の初めてのネタは漫才コントだったんですね。そして、それがめちゃくちゃスベったのですが、次のやりとりだけがちょっとウケて終わりました。

奥田「最終学歴がハーバード大学？ 本当に？」
よじょう「はい。四日市市立ハーバード大学です」
奥田「そんなところにハーバードないでしょ。そんなところにハーバードがあったら『関・関・同・ハー』とかになってるでしょ」

関西の有名私立大学の頭文字をとって「関・関・同・立」と言ったりするんですが、それをもじったツッコミをしてるわけです。ね？ めちゃくちゃ山里さんの影響を感じるでしょ？
その1か所のおかげか、ほぼ全スベリなのに合格して、2回戦に進出しました。しかし、体感ではスベっているので、新しいネタを作りました。それが「桃太郎」です。これがウケにウケて、とにかくウケて、『THE SECOND2024』の予選でマシンガンズさんと戦ったときに更新するまで、芸人人生で一番ウケた感覚はこの2回戦でした。いや、19年更新できてなかったんかい。

このネタで一番ウケたのは、次のくだりです。

よじょう「おじいさんは山へ芝刈りに、おばあさんは川へ洗濯に行きました。ほんでなんやかんやわーっとあって……」

奥田「省略すな」

よじょう「生まれた『イ・スンヨプ』は……」

奥田「何があってん！　おい、そんな1番から7番までこなす昔話ないわ！」

イ・スンヨプというのは、当時千葉ロッテに所属していた助っ人外国人選手で、1番バッターから7番バッターまで、いろんな打順をこなせる選手として有名でした。それをいきなり大喜利的にぶち込んだわけですが、いやぁ、相変わらずの山里さんっぷりですね。書いてて恥ずかしくなりました。

3回戦も桃太郎で挑みましたが、こちらはめちゃくちゃにスベりました。

これもいろんなところで言ってますが、ただのド素人ですから、人に同じ話を2回していいと思ってなかったんですね。しかも、2回戦でウケてもいるんで、「ウケると思って、2回同じことしてはる（笑）」と思われてる気がしてきて、めちゃくちゃ恥ずかしくなって、ものすごい早口でネタをやってしまったんです。ネタ時間3分のところを、たぶん2分15秒くらいで終えてると思います。で、なぜか合格します。2回戦のウケのおつりとかですかね？　本当に、なぜか合格しました。

3回戦と同じ思いはしたくなかったので、準決勝用にまたネタを作りました。テーマは「奥田の葬式」でした。よじょうが葬式の司会役だったので、これも漫才コントですね。これは全体的にふわっとしてて、2か所だけユルっとウケたと思います。3回戦よりはマシでしたが、2回戦とは程遠いウケでした。ユルっとウケた箇所は、次のふたつです。

よじょう「では、喪主の天龍源一郎様からご挨拶いただきます」
奥田「いや、親族に日本一強い55歳おらんわ」

よじょう「棺桶にお前が好きな牛肉とキャベツを入れて、特製のタレをかけるわ」
奥田「そんなことしたら、プルコギができてまうわ」

ね？　ユルっとしかウケなそうでしょ？　大喜利も雑ですし、ツッコミももう山里さんでもなんでもないです。ただの下手クソ。

　そもそも準決勝で新ネタをぶち込んでるんです。なんばグランド花月で。素人とはいえ、これはもはや失礼です。しかもこんな非常識なことをしといて、落ちたとき、ちょっとヘコみやがるんです。無礼にも程があります。

　ここで初めて不合格という判定が下されました。いや、実質2回戦しかウケてないわけですから、ここまで来られただけでも上出来なんですけどね。

　ちなみに敗者復活戦は、ネタ時間を4分に伸ばした「桃太郎」をやりました。1分伸びてるということと、東京だったら知ってる人もいないだろうから、同じこと話しても大丈夫だろうと思って、照れも緊張もしませんでした。ウケは野外すぎて何がなんだかわかりませんでした。とりあえずめっちゃ寒かったです。

「いや、2005年だけでどんだけ書くねん！　今から15年分をこの量で書いていく気か!?　読んでられへんわ！」

　大丈夫です。僕も書いてられませんし、すべての年のことを、ここまで明確に覚えてもいません。学天即が始まった年ということで、記憶を頼りに厚めに書かせていただきました。

というわけで、初舞台である『M−1グランプリ2005』が終わりました。

実はこの時点で、僕たちはお笑いを辞める予定でした。今でこそ30代でも若手扱いですが、僕たちが観てた頃のテレビだと、「僕らみたいな30超えたおっさんが出てきてすいません」みたいなセリフをよく聞いていましたし、若手が集まる番組だと、26歳くらいでおっさん扱いされていました。そんな時代に23歳でお笑いを始めるのは相当遅いと思っていたので、「M−1の決勝に行ったらお笑い続けることな」と、よじょうと約束をしていたんです。

なので、M−1が終わってからふたりで漫才の話をすることはありませんでした。ただ、ふたりとも漫才に後ろ髪を引かれていたと思います。それはおそらく、2回戦で聞いた笑い声が理由だと思います。

お客さまの笑い声には中毒性があって、一度手を出してしまうともう元の生活には戻れないのかもしれません。これ以外の言い方を思いつかないのでハッキリ言いますが、ほぼ麻薬です。いつもありがとうございます。話を戻します。

「このまま続けよう」と、よじょうに言うのが恥ずかしかったので、「アマチュアでも出られるお笑い大会見つけたんやけど……」と、やんわりと誘い、よじょうはよじょうで、「まぁ、今は特に何もしてないしなぁ」と、やんわりオッケーしてきたので、その大会にエントリーしました。

その大会の楽屋でインディーズライブの主催の方に声をかけてもらったところから、ぬるっと僕たちのお笑い人生が始まるのですが、この章のテーマはM－1なので、そのあたりはまたいつかお話しします。

インディーズライブに出だしてから、新ネタを舞台にかけるということを覚えたので、お客さんの笑い声を頼りに、ネタの改良をするようになりました。2007年にはbaseよしもとのオーディションに合格し、よしもとに所属することができました。舞台数も増えましたから、それまで以上に新ネタを作りましたし、劇場のネタバトルでも何回も優勝しました。

しかし、**2006年**から**2009年**までのM－1は、すべて3回戦敗退です。

「来年こそは！」という気持ちで迎えた**2010年**。『M－1グランプリ2010』の開催が発表されたと同時に、今大会でM－1が終わるということも発表されました。芸歴10年目までは、ずっとなんとなく続くものだと思っていたら、急にラストと言われて、一瞬頭が真っ白になりましたが、「ラストイヤー！　ならば絶対に！」と、さらにエンジンをかけて新ネタを作りました。

この頃、相方との仲は最悪でしたから、ネタ合わせのたびに大喧嘩でした。しかし、ふたりともM－1に対してのモチベーションは高かったので、とにかくネタを磨きました。そして、この数年で一番自信のあるネタができました。

そして迎えた本番。1回戦、2回戦を無事に通過し、鬼門の3回戦に挑みました。ウケは上々で、僕たちの次の出番だったジャルジャルの福徳さんにも「これは合格したやろ」と言われました。しかし、結果は3回戦敗退でした。

結果発表のあと、あまりに落ち込んでいた僕を、とろサーモンの久保田（かずのぶ）さんが飲みに誘ってくれました。たしか、同じく3回戦落ちだった見取り図の盛山もいたと思います。先輩も後輩もいる飲みの場で、「僕って、おもしろくないんですかね？」と言って、泣きました。この言葉が頭に浮かんで、口にしようとした瞬間から、自然に涙がこぼれ出しました。

M－1が終わると同時にbaseよしもとも閉館し、目標も目的も自信も根拠も失った状態で、**2011年**を迎えました。当然、コンビを続けるモチベーションなどはなく、相方とも不仲だったので、お笑いを続けるかどうかは別として、とにかく学天即を解散したいという気持ちでいっぱいでした。

1月と2月はお笑いの舞台がなかったので、3月の頭の最初のネタ合わせで解散を切り出そうとしたところ、相方から先に切り出されて、相方の言うとおりにするのが嫌で口喧嘩になって、僕が口喧嘩が強いせいで、なぜか解散がなしになったわけですが、その口喧嘩で、学天即を続ける目的が「M－1」から「漫才」になりました。

「漫才で何者かになってから解散する」

という目的になったのです。まぁこのあたりも鬼越のYouTubeで詳しくしゃべっているので、そちらでご確認ください。

「いや、こんなに鬼越のYouTube見てくればっかり言うんやったら、章の始まりに注意書きで『※この項は鬼越トマホークのYouTubeチャンネルを見てからお読みになることをオススメします』とか書いとけよ！」と、自分で自分にツッコみました。すいません。

そして、２０１１年から始まった漫才の全国大会『THE MANZAI』の決勝に進むことができました。結果こそ散々でしたが、全国大会の準決勝以上に進めたという結果が、自分たちの選んだ方向は間違ってなかったと思わせてくれました。

その後、２０１３年と２０１４年の同大会の決勝に行けました。なんなら２０１４年は優勝候補として出場しました。優勝はできませんでしたが、モチベーションが下がることはありませんでした。なぜならこの決勝の前に、「来年、Ｍ－１が復活するらしい」という噂を聞いていたからです。そして、それは現実になります。

Ｍ－１復活が発表されたとき、周りから「THE MANZAIはお祭りっぽい雰囲気やったけど、Ｍ－１のガチっぽい雰囲気のほうが、学天即には向いてる」とよく言われていて、自分でもそう思ってました。

２０１５年のＭ－１はさらに優勝候補と思われていたようで、予選が始まると、僕たちにはずっと密着のカメラがついていました。ネタの前後に、とにかくたくさんインタビューを受けました。そのせいでというか、完全に自分のせいなんですが、「俺らって優勝候補なんや」という良くない自覚が芽生えて、完全に調子に乗ってしまいました。大会の質や、今年のお客さんが求めているものなどの分析を怠り、「大会もお客さんも俺らを求めている！」と思い込んでしまいました。結果、準決勝敗退。

時間を巻き戻してやり直したいという願望はあまりありませんが、もしも戻れるとしたら、2015年は候補に入っています。戻って自分を思いっきり叱りたいです。「調子乗んな、アホが！」と。

2016年は改めて気合いを入れ直してM－1に挑みました。年初に単独ライブをして、そこでできた新ネタを1年かけて練ったのですが、そのネタは2回戦で披露しただけで終わりました。

自分たちが2014年あたりからやっていたネタとそのネタは、あまりにもテイストが違ったので、M－1のお客さんが求めている僕たちとは違うのではないかと思ったから、といえば聞こえはいいですが、要は変化を恐れただけです。しかも、お客さんを理由にしてるあたり、タチが悪いですね。結果、準決勝で置きにいったネタをして、この年も準決勝敗退でした。

この年は、銀シャリさん、和牛さん、スーパーマラドーナさんと4組でライブをやっていたのですが、敗者復活戦が終わり、本番を観ずに大阪に戻ろうと新幹線に乗っていたら、名古屋を過ぎたあたりで、車内の電光掲示板に、「M－1グランプリ、最終決戦は銀シャリ、和牛、スーパーマラドーナ」という文字が流れてきて、悔し過ぎて涙が出ました。とりあえず、周りの乗客にバレないように泣くのに苦労しました。

そして２０１７年。この年の記憶はほとんどありません。とりあえず年始の相方とスタッフ陣との話し合いで、「もう無理や。俺はもう枯れた。どんなネタを作ったらいいかわからへん。よじょうごめんな。お前の人生を巻き込んでしまって」と言ったことは覚えています。わかりやすいほどの弱音です。

この頃の気持ちを思い返してみると、僕はただ恥をかきたくなかったんだと思います。優勝候補と言われてから数年経ち、賞レースの予選で僕たちに吹いていた追い風は、すでに和牛さんやミキに吹いていて、自分が先に結果を出したはずなのに、後輩にも先輩にもどんどん抜かれている気がして、周りから過去の遺物のように扱われていると思ってしまって、自分の行動すべてが負けにつながって、恥の上塗りになるのが怖かったんだと思います。

過去に一番捉われていたのは自分で、過去の栄光とも呼べない栄光にすがり、それがないものになっていくことを恐れて、逃げたんだと思います。それが一番恥ずかしいことなのに。

相方やスタッフ陣がネタを作ってくれてはいましたが、僕は心ここにあらずで、不完全な新ネタと、過去のネタの作り替えでM－1に挑みました。そして、ついに準々決勝で敗退しました。

ただ、予選が早めに終わったことで、M－1を少し俯瞰で見ることができたことは、気持ち的に大きかったです。

準決勝まで残ると、決勝に行けなくても敗者復活戦があるということで、結局年末までM－1が続くのですが、準々決勝で負けると11月の真ん中くらいで終わるんです。そこから準決勝まで残っている人たちが、ライブでM－1用にネタを試していたり、楽屋で熱のあるネタ合わせをしているところを見ていて、ちゃんと悔しくなりました。自分の中に、まだ情熱が残っていることに気づけたからです。

さらに、とろサーモンさんが優勝したことも大きかったです。決勝は藤崎マーケットのトキさんと観たのですが、ふたりとも芸歴2～3年目くらいから久保田さんにはお世話になっていました。時には久保田さんがハチャメチャすぎて、逆にお世話をしたこともあったくらいの大好きな兄さんが優勝した瞬間、ふたりで久保田さんの文句を言いながら、泣いて喜びました。

「コンパで自分がモテなかったら、女子に逆ギレしてたあの久保田さんが優勝かよ！最高かよ！」と、泣きながら叫んでいました。っていうか、M－1って僕のこと泣かせすぎじゃないですか？

2018年に入りました。ネタ作りは再開できましたが、なかなかＭ－１で試したいテーマや、そのネタの核となるボケやツッコミフレーズが出てこなくなりました。

その理由としては、僕たちは２０１４年には若手の劇場を卒業し、そこからは寄席公演や営業の舞台に多く立っていて、Ｍ－１のようなスピード感のある漫才をすることが減っていたということが挙げられます。さらに、前年に新ネタを作っていなかったので、ネタ作りの感覚がＭ－１から遠いところに行ってしまったのだと思います。

そんなジレンマを感じながら、なんとか３回戦までの３分ネタは仕上がったのですが、準々決勝以上の４分ネタがどっちつかずの中途半端なネタになってしまい、結局準々決勝で敗退しました。

その年の準々決勝は、霜降り明星のひとつ前の出番だったのですが、自分の出番終わりに霜降りの漫才を見て、そのまま粗品を飲みに誘って、決勝がんばれよと言いました。決勝に立っている姿が、容易に想像できたからです。まさか、史上最年少のチャンピオンになるとまでは想像できてなかったですけど。

2019年、ネタ作りのジレンマは解消されないどころか、より深みにハマっていってました。寄席や営業でやっているネタの改良点はいくらでも思いつくのに、M－1で使えるネタが思いつかないんです。その前の年までは、毎月短いネタを4本くらいおろす新ネタライブをやっていたのですが、この年は、長めのネタをやる単独ライブを3回やっただけで終わってしまいます。

そんな状態で『M－1グランプリ2019』に挑んだ結果、ついに3回戦で落ちました。

ここまで来たら、もう恥ずかしいも何もありません。そもそも、過去の呪縛は2017年に解けていましたし。ただ、本当にもうM－1を戦える体と心ではなくなったんだと実感しました。

なので相方には、「来年がラストイヤーやけど、俺らは今年がラストイヤーやったってことでいいんちゃうかな？　悔しいけど。どうせ再来年からは長尺の漫才をやる機会しかなくなるんやから、逆に1年早めにそっちにスタートが切れると思ったら、のちのち得もあるんじゃやない？」と言いました。もちろんお互いに悔しさはありましたが、相方もそれを了承してくれました。

了承してくれたんですが、その年の決勝を観て、ふたりの考えは翌日には変わっていました。トップバッターから大トリまで、出番順も運命的に噛み合って、常連も初出場も全員が爆発していて、ドラマティックなシーンが盛りだくさんという、自分が憧れていたM－1そのものだったからです。そして、それを制したのが我々と同じ「一般・オーディション組」で同期のミルクボーイ。燃えないわけがありません。

「あっぷな！　また大人ぶった意見で逃げようとしてた！　M－1を戦い抜いてないあとの漫才人生なんて、戦い抜いてから考えたらええやろ！」

次の日に相方に会うと、僕と同じような目をしてました。いや、もうほぼ僕でした。ラストイヤーに本気で立ち向かおうという覚悟は、お互いにもう決まっていたようです。

勝負の2020年になりました。学天即にとって、正真正銘のM－1ラストイヤーです。

新年早々、カルロス・ゴーンがレバノンに逃げたというニュースがあったあと、日本はすぐにゴーンのことを忘れます。中国で新型感染症が猛威を振るっていて、日本にも入ってくるんじゃないかというニュースを、当時担当していたラジオ番組で年末に紹介していたのですが、1月中旬に日本で1人目の感染者が見つかってから、あれよあれよという間に、日本はコロナ禍に陥ります。

国全体が自粛ムード。エンターテイメントを楽しむ余裕などあるはずもなく、よしもとも劇場を閉鎖しました。3月からは無観客で再開しますが、結局4月には緊急事態宣言が発令されて、1ヶ月半ほど、日本そのものが止まりました。

僕ももちろん要請に応じて自宅待機をしていましたし、もちろん『梨泰院クラス』を一気観しました。『龍が如く』も全シリーズやりましたし、あと、その頃にちょっと株の勉強も始めました。

5月下旬に緊急事態宣言が解除され、よしもとも劇場を再開しますが、入場客数の制限、マスクやアクリル板など、今までとはまったく違う劇場の景色になってしまいました。あの頃は芸人もスタッフさんも全員手探りで、みんなで協力し合って劇場を動かしていたと思います。コロナ禍を通じて、劇場スタッフさんや社員さんたちと、芸人の距離が縮まった気がします。せっかく距離が縮まった分、余計にソーシャルディスタンスが邪魔だと感じました。

その頃は、楽屋でも会話を控えていたのですが、少ない会話の中でもよく話題になっていたのが、「今年のM-1について」でした。

「今年も普通に開催されるらしい」と言ってる人もいれば、「今年は中止で、今年のラストイヤー組は来年に回されるらしい。っていうか、そうしてほしい」と言ってる僕もいました。ただの願望です。

そして6月頃に、『M－1グランプリ2020』の開催が発表され、僕の願望は叶わないことが確定しました。そして、大問題に気づきました。

「いやいやいやいやいや！　M－1事務局さん！　ホンマにやるん!?　とんでもないラストイヤーやんか！」

浮き足だっている状態でネタを考えてもいいものができるわけがないので、自分が今置かれている状況を整理しました。

問題はとにかくネタです。ネタを6月までまったく作ってなくて、今から作ったとしても、それを試すライブができない。そもそも舞台が通常状態じゃないから、お客さんの笑い声を頼りにできない。だからネタを仕上げることができない。詰み。

「いや、冷静に『詰み』やないねん！　確かに詰んでるけど！　M－1用にネタを作って、それをいきなりM－1で試すなんて怖すぎるやろ！　アマチュアの漫才師ならともかく……ん？」

はい。僕、15年前にこれやってました。そう思った瞬間に、視界が一気に開けた気がしました。M－1を目指した最初の状態に戻っただけなんだと思えました。さらにいろいろと思ったのですが、このときの感情を、僕はのちにインスタライブで告白していて、なぜか情報量の多いガクテンソクのWikipediaに詳しく書かれているので、そちらを引用してみます。

2020年3月頃からコロナ禍に陥り、舞台にも立てなくなり収入が大幅減少した際には他の芸人が有料配信等で稼いでいるのを見た奥田は「仕事が無くなったとか給料が無くなったとかじゃない。もともとは自分達でお金を払い、舞台を借りて、人を集めて漫才をやっていた。だから〝無くなった〟がおかしい。元に戻ったんだ。これまで仕事があったことが奇跡なんだ」と思い、芸事での収入が全く無かった1年目の頃を思い出しながら原点回帰してネタ作りを始めたところ、楽しいと感じ始めたと語っている。

まさにこんな感じです。さらに言うと、気持ちは原点回帰しているのですが、自分が家でひとりで考えたネタでも、あれから15年経って得た経験と技術が、きっといい方向に導いてくれると信じることができたんです。

結果は、1年目と同じ準決勝敗退。もちろん決勝の舞台に立ちたかったですが、2

020年の敗者復活戦も含めて、学天即としてのM－1にケジメをつけることができたような気がして、だからM－1が終わってからも、漫才を続けられたんだと思います。

M－1を終えた翌年、M－1に対して思っていることを書いてる『note』があったので、その一部を載せて、この章の結びとさせていただきます。


今、劇場に行くと、楽屋の話題は主に「M－1 3回戦」です。

ご存知のとおり、僕たちは昨年ラストイヤーを終えたので、その会話に参加することはありません。その権利すらありません。

昨年の今頃は、ひたすらプレッシャーに苛まれていたのだと思いますが、もはや遠い記憶で、懐かしさすら感じます。

ただ、その瞬間、瞬間はしんどいと感じるのですが、今になって思うと、やはり楽しかったんですよね。

M－1は、間違いなく僕の「目標」ではありましたが、僕がお笑いを、漫才をする「目的」ではありません。

「目的はできるだけ遠くに、目標はできるだけ近くに」

というのが、僕のお笑い活動におけるスローガンです。

真っ暗闇の道を、自分の足元だけを見て歩くと、まっすぐ歩いているつもりでも、ちょっとずつズレていって、気がついたらとんでもない場所にいたりします。

真っ暗闇の道でも、遠くの、遠くのほうに小さな光の点を見つける。それが見間違いでもいいから、とにかく、その光の点だけを目指して歩く。歩いていくうちに、その光の点が、見間違いじゃないとわかればラッキーだし、少しでも大きく見えたりしたら大ラッキーです。

よくわからない方向に進むのは怖いですが、暗闇の中で、立ち止まっているほうが怖いので、とりあえず、ズンズン進んでいます。

ありがとう、M－1。そこで起こったすべての経験が、今、僕の血と肉と心になっています。

ガクテンソクの今

『THE SECOND』で優勝させていただいてから、毎日本当に忙しくさせていただいております。これを書いている今も、東京↕大阪の新幹線の車中です。もちろんグリーン車です。ありがとうございます。会社に取ってもらったグリーン車と、人に奢ってもらって食べる焼肉は最高です。

優勝前も決してヒマだったわけではないのですが、今のスケジュールから見れば、やっぱりヒマだったと言うしかないです。ではここで、これを書いている今週のスケジュールと、その前年の同じ週のスケジュールを比べてみましょう。まずは昨年から。

劇場5ステージ、ネット収録2、営業1、学祭1

いやいや！　けっこうがんばってますよね？　上京1年目の謎のおじさんコンビの

スケジュールですよ？　いやいや、なかなか健闘しているように見えますが、これはひとえにマネージャー陣ががんばってくれた証です。謎のおじさんコンビのスケジュールを、よくこんなにも埋めてくれてましたよ。本当にありがとう。落ち着いたらTHE SECONDの祝勝会しようね。続いて、今年を見てみます。

劇場14ステージ、ネット収録4、テレビ収録3、ラジオ収録1

漫才出番倍やん。メディア出演に関しては4倍やん。めちゃくちゃありがたいやん。今週がたまたまこんなスケジュールというわけではなく、優勝後はずっとこれくらいのペースで働かせていただいてます。

劇場の出番も、去年までは関東近郊がメインで、勝手に「幕張ワン」と名乗っていたので、特に幕張が多かったのですが、今は大阪も福岡も出演させていただいてます。営業に関しては北海道から九州まで、日本全国行かせていただいてます。

出番順も変わってきて、前までは基本的に香盤表の前半でした。トップバッターでネタ時間5分ということもよくありました。しかし今は基本後半。ネタ時間はほとんど10分で、大トリを任せていただくこともあります。

吉本興業にはM－1チャンピオンや『キングオブコント』チャンピオンが山盛りいます。テレビスターも、師匠方のような大漫才師もたくさんおられます。営業になると、事前にポスターが作られるのですが、そのポスターには各コンビの経歴や肩書きが添えられます。去年までの僕たちには、もちろんそんなものはなく、むき出しの「ガクテンソク」と書かれていただけで、役割としては「あまり目立たないけど、しっかりアンカーまでタスキをつなげる、箱根駅伝でいうところの8区」でした。

しかし、今の営業のポスターの僕たちの写真の下には「THE SECOND 2代目チャンピオン」としっかり書かれていて、うれしさとプレッシャーをいいバランスで感じています。

東京のテレビ局には全部行きました。ゴールデンの番組にもいくつも出ました。楽屋弁当がおいしすぎてちょっと太りました。去年までの自分では想像できないほどタクシーに乗ってます。飛行機の座席もワンランク上がりました。忙しくて家の掃除が全然できません。

はい。いろいろと書きましたが、決して忙しい自慢をしたいわけではなく、この忙しいスケジュールを幸せに感じていると同時に、ずっと続くものではないということもわかっていますから、とにかく今はがむしゃらにがんばろうと思っているという決意表明です。

「売れてめっちゃ忙しいスケジュールになったら、毎日全然寝れなくなるんかぁ。んー。いい感じで、半分くらい売れるとかできないんかなぁ」と言ってる時期もありましたが、今思えば完全に言い訳ですね。忙しくない自分への言い訳であり、どう見られているかわからない周りへの言い訳です。要するに恥ずかしい男です。

まだまだ売れてるとは言えませんし、ずっとがんばりどころでふんばりどころですが、絶対に今のほうが楽しいです。漫才以外の仕事もたくさんやらせてもらえて、趣味のニュース、ゴルフ、クレーンゲーム、アイドルなどもすべて仕事につながりました。自分の人生そのもので仕事をしている感じです。

求められる仕事の量に対して、蓄積のストックが切れたら僕の負け。19年潜ってたんですから、残りの人生を賄えるくらいの蓄積はあるはずと思って戦うだけです。焦りとかは特にありません。

僕は、やりたいこととできることしかしたくないタイプで、いや、そりゃ誰でもそうだと思いますが。それらで1日のスケジュールが埋まることは、とても光栄です。ワクワクしますし、やる気も出まくります。

もちろん、やりたくないこととできないことがスケジュールに入っていることもあります。そういうものが目に入ると、ほかの仕事がどれだけ好きなものでも、嫌いなもののほうに心が引っ張られてしまって、好きな仕事まで楽しめなくなってしまうことがあります。まあ、これも誰だってそうなんでしょうけど。

そういうときに僕は、やりたくないこととできないことを「どうでもいいこと」にまとめてしまいます。

悪いふうに聞こえますが、ちょっと違ってて、僕はやりたいこととできることで評価されたいので、やりたくないこととできないことで得る評価は「どうでもいいこと」というニュアンスです。

なので、そういう仕事だからといって、手を抜くとか、テキトーにやるってことではなくて、「どうでもいいし、どうせ2回目はないんやから、思いっきり自分の色出してみよ!」とか、「どうでもいいし、逆に番組の趣旨に乗っかりまくって一生懸命やったら、俺はどんな評価を受けるんやろ?」という気持ちで仕事に挑みます。

得意ジャンルはミスのないように一生懸命やって、苦手ジャンルはミスしてもいいから一生懸命やる感じです。

このスタンスになってから、意外と苦手ジャンルの仕事も増えたので、やり方としては良いか悪いか半々って感じです。

ただ、苦手が増えたぶん、得意ジャンルの仕事のありがたさが増して、よりがんばれるようになったので、結局良い手法なのかもわかりませんが、とにかく全部がんばってみようと思います。

「こんなはずじゃなかった」なんて言葉はもう言い尽くしました。そんな時期を過ごした上で今があって、目の前で起こるすべての出来事を「こんなこともあるんだ」で片づけてしまっていいんだと思います。

自分でさえ自分が思っていた通りにはならないのに、世界が自分の思い通りになるわけがないんです。何ひとつ上手くいかないのがデフォルトだと気づいたら、この世界のすべてが予測不能で楽しい。

過去の失敗を経験として覚えて、予測できてたことで失敗したこと以外はヘコむ必要すらない。というか、ヘコむ権利すらないんです。ダラダラ長々生きてきたんだから。そのままいくのも悪くないし。急にキビキビセカセカ生きたっていい。

おじさんになって、ようやくその権利を得たのだと思います。

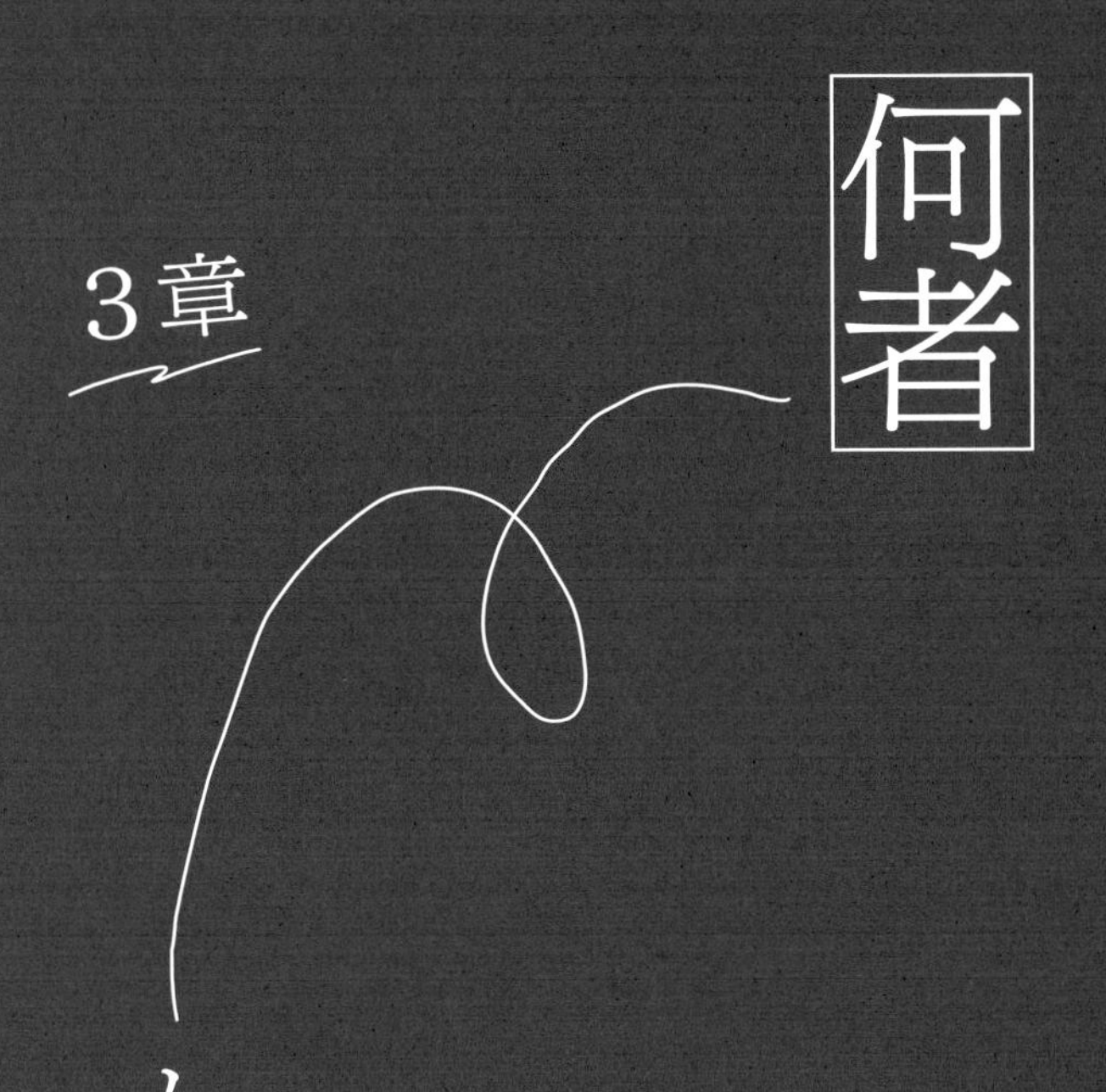

3章 何者かになりたくて

2022年11月18日

本日は、よしもと祇園花月にて漫才2ステージでした。

楽屋では、昨日のM－1準決勝の結果についてみんながしゃべっていました。ワイワイガヤガヤというよりは、センセンキョウキョウ、カンカンガクガクといった感じで。

みんな思うところがあるのでしょうね。僕もめちゃくちゃありますし。もちろん、誰も通過者にはなんの文句もないんですが、まあ、審査員ですね。審査員も審査されていることだけは、忘れてほしくないですね。

もしも15年目以上の賞レースができたら、参加するか、しないか？

という質問をされることがあるのですが、誰が審査をするかによって決めると思います。

2023年1月2日

さあ、今年は個人的には激動の年になると思ってます。すでに計画として立ち上がってることもあるし、皆さまに発表しないといけないこともあるし、さらには、16年目以上の大会もあるみたいですしね。

あ、『THE SECOND』は出ます。

ちょっと考えはしたんですけど、漫才の大会といわれて、やっぱり出ないって選択肢はないなと思いましたので。出るからには、良い結果を出せるようにがんばります。

2023年2月17日

昨日、無事に単独ライブを終えることができました。

「ネタだけのシンプル60分」ということで、センターマイク出っぱなし、出たりハケたりを6回繰り返すだけ、新ネタ5本を一番シンプルなかたちで観ていただく構成でしたが、いかがでしたでしょうか?

個人的に、「漫才を塩で食べていただく」というイメージでやってました。歳いってくると、結局塩なんですよね。

そして、この時期に単独ライブを無理やりねじ込んでいるということは、誰がどう見ても『THE SECOND』を意識してるのがバレバレだろうと思って、逆に開き直って、どこも隠さずに、もうスッポンポンな気持ちで思いっきり意識してネタを作りました。

おかげでいろいろと武器が増えたと思います。昨日のどれかのネタを引っさげて、22日は戦ってこようと思います。

2023年2月23日

昨日は怒涛の1日でした。

まずは祇園花月にて漫才2ステージ。

5分出番のトップバッター。これがなかなかに難しいのです。しかも、祇園花月。さらに、寄席公演用のネタではなく、『THE SECOND』の選考会が夜に控えているということで、そこでする予定のネタをかけることにしました。

結果、大惨事。

いやぁ、スベりにスベりました。舞台から降りてすぐ、スタッフさんに聞こえるように、「いやぁ、あの部分は削って、あっちのボケでいったほうが良さそうやなぁ」と言って、さも「何かを試してる感」を醸してしまうくらいにスベりました。

けど、それを聞いたスタッフさんからしたら、「いや、あの部分とかじゃなく、全部削れよ」って思われてたのかもなぁと思うと、今、めっちゃ恥ずかしいです。

どの公演でもウケるネタをやれよって話はわかります。いや、昨日のネタも、わりとどこでもウケるネタなんですが、わかりやすいボケというより、会話のやりとりで笑っていただくネタなので、トップバッター向きではないネタなんですよ。

と、ここでも言い訳をしたいくらいにスベりました。


そのあとは「NORA」(※)でした。

こちらでもそのネタをやったのですが、祇園花月とはまた違う反応でした。

ただ、今回のネタがわりと古いネタでもあったので、新しく足した箇所がよくウケた印象です。なので、昔からあった箇所は、「あーあー、それね。あーあー、けっこう好きよ」みたいな空気だった気がします。

いや、本当は全部新しいので試したかったんですよ? けど、THE SECONDの発表が突然すぎて、準備が間に合わなかったんですよ。

すいません、また言い訳をしてしまいました。


そして、選考会。

祇園花月のお客さま、NORAのお客さまにご負担いただいてまで、やりたいネタを押し通したわけですから、なんとしても結果につなげないといけないというプレッシャーを感じつつ劇場入りしました。

劇場入りしてすぐ、会場のお客さまの空気を感じるために舞台袖へ。演じている人のネタと、お客さまの笑い声を聞いて判断した結果は……。

めっちゃくちゃ寄席っぽい空気！

はい、1日の準備全部ミスってるー！　けど、このネタしか練習してないから、これでいくしかないー！　ヤバー！

出番直前に、ネタの変更も考えたのですが、とりあえず準備したネタをやり切ることに決めました。17年目の意地です。

果たして、どういう結果になるのでしょうか？　27日をドキドキしながら待ちたいと思います。

どうか！　どうか！　どうか！

（※）ガクテンソクがレギュラー出演しているお笑いライブ

2023年3月1日

昨日は「THE SECOND組み合わせ抽選会」でした。僕たちは大阪からリモートで参加。現場では、元大阪の社員の中川くんがクジを引いてくれるという流れでした。

配信が始まって、僕たちはFM大阪内にある会議室でZoomをつなげながら見守りました。以下はそのときの会話、というか、独り言です。

「守谷（日和）さんおるやん。なんで？」

「あかん！　電波悪い！　何言ってるかわからん！」

「ポットA？　何それ？」

「あー、ジャル（ジャル）さん、ギャロップさんのとこは嫌やなぁ」

「いや、全部嫌やなぁ」

「うわ！　COWCOWさんがジャルさんのとこや！　同じ言葉つなげたコンビ名ブロックや！」

「A渋くなってきたなぁ！」

「（シャンプーハット）恋さん飲んでるやん！」

「このへんも強そうやなぁ！」

「タモンズ先輩やっけ？」

「なすなか（なすなかにし）さん、出ないんちゃうっけ？」

「（東京）ダイナマイトさんと金属（バット）や！　アウトロー対決や！」

「ジャルさんの相手決まった！　やば！」

このあたりで、スタッフさんから「順番繰り上げて、三日月マンハッタンさんのあとがガクテンソクさんになります」という指示が入ります。本来、僕たちは後ろから4番目にクジを引く予定でしたが、抽選会のペースがあまりに遅く、ラジオの生放送に間に合わないという事態を避けるための配慮だったのだと思います。

これが吉と出るか、凶と出るか。

スタジオからコメントを振られ、なんやかんやとコメントしたあと、中川くんがクジを引きました。

「……21番です」

相手はマシンガンズさん、ランジャタイがいるブロックとなりました。

これを聞いた僕は、「……凶？　いや、吉……なのか？　いや……どっちやこれ？」と、中継で言ったとおり、本当に頭が真っ白になってました。

結果が出てすぐにラジオの生放送があり、ラジオの感想ツイートを探そうと旧Twitterを開くと、トレンドに「ガクテンソク」の文字が。

生放送終了後、改めて検索してみました。

「ガクテンソク可哀想ｗ」

「ガクテンソクが不憫すぎるｗ」

「こうなるとガクテンソクが逆に浮いてるｗ」

とにかく草生えてて草。
ネットではどうやら「凶」と見られているようですw
いいやんいいやん！　それくらいのほうが気楽やん！　勝負は始まってみないとわからないよ？　台風みたいなブロックですけど、台風の目は穏やかっていうからね。

2023年3月6日

本日は、なんばグランド花月にて漫才2ステージ。トップバッターの5分出番でしたが、もちろん『THE SECOND』を意識しないわけにはいかないので、自分なりの最大公約数を求めてネタ合わせをやりました。

舞台でネタをかけた結果……けっこういい感じ。

いや、いい感じなんかい！　いい感じなことにびっくりしちゃったわ！　けど、ええやん！　ええやんええやん！　朝と昼で客層が全然違うかったけど、なんか感触良かったやん！　今日のネタを軸に、あと4本を仕上げていったら、何かしら見えてきそうやん！　……え？　あと4本？

優勝するのに6分ネタ5本？　改めて、エグい大会に参加しているんだなと実感しました。

ちなみに、僕イチオシのアンチは「あそことあそこ、変えたとこウケてたなぁ」と

言っていました。え？　他人事？（笑）

まあ、よじょうさんもそれなりに手応えを感じていたようなので、とりあえずは良しとします。

3年前まで、だいたい10月〜11月ごろにやっていた、漫才を詰めるという作業を、こんなに春先からやっているということに違和感は感じつつも、やはり3年前のように、真剣にネタに向き合っている時間があることに幸せを感じている日々です。

2023年3月26日

木曜日のルミネでは、あからさまに『THE SECOND』を意識した舞台（「6分間の漫才ライブ 漫才ノックアウト」）に立たせていただきました。

そのあとの2公演も、バリバリにTHE SECONDを意識した漫才をやらせていただきまして、明日に控えている、32組→16組のトーナメントでやるつもりのネタを2本に絞ることができました。

金曜日は、テレビ番組の収録でした。そちらでも前日にやった漫才を披露したのですが、スタジオでの笑い声の聞こえ方が、劇場とまったく違ってて汗かきまくり。THE SECONDのトーナメントはテレビ局のスタジオで行われるので、前日のネタ案がすべて白紙に戻りました。

土曜日は大阪に戻り、寄席公演でまた違うネタを試してみました。どうなんでしょ。手応え的には悪くないけど、昨日のスタジオの空気を考えるとなぁって感じで、いよいよ脳が混乱してきて、思いつく限りすべてのネタが、THE SECONDのネタ候補になってしまいました。

もう、わけわからん状態で、本日は幕張3ステージ。イオンに来られているファミリー層のお客さまの前で、3ステージとも違うネタをしたわけですが、1本の漫才が、僕の思考をまとめてくれました。

というわけで、明日はTHE SECONDの開幕戦です。準備はある程度したはずなので、あとはぶん投げるだけです。

迷いのない状態で挑めるのはうれしいのですが、ホテルのチェックアウトから本番まで10時間あるので、もう一度迷いだす可能性は大いにあります。

2023年3月27日 開幕戦ノックアウトステージ32→16

17時ごろにフジテレビに入り、18時からのBブロックは直で観たいと思って、スタッフさんに聞いたところ、観に行ってもいいということでした。

生でBブロックを観て、そして、流れ星☆VSプラス・マイナス、タモンズVS三四郎の試合結果を見たことで、大会の雰囲気を掴むことができました。

そして、「あかん。俺らめっちゃヤバい」と思いました。

さらに、前説で漫才をやっていたくらげの渡辺（翔太）くんから、Aブロックの4組のネタの内容と試合の結果を聞いて、「これはいよいよ、ホンマにめちゃくちゃヤバいぞ」となりました。

結果だけを見ると、Aブロックは大阪の芸人のスーパーマラドーナさんとDr．ハインリッヒが負けたので、「大阪＋先攻＝負け」という式が成り立っていて、ガクテンソクにも負けのフラグが立っていましたが、そこにはあまりヤバさは感じてなくて、お客さまと空気と、そのお客さまが審査員であるという事実に危機感を覚えたんです。

お客さまはめちゃくちゃ温かいんです。なんなら、温かすぎるくらい。

選考会のときの記憶が甦りました。僕たちの前のシャンプーハットさん、その前のスマイルさんが、普段のネタで爆発的にウケているのを聞いて、「ヤバ。今日のネタ選び間違えたかも……」と思った、あの記憶が。

ただ、寄席や営業の温かい空気ではなくて、そこに多少の違和感は感じていたんですが、その違和感は、Dr．ハインリッヒVSスピードワゴンさんの試合内容を聞いたとき、はっきりとわかりました。なるほどな。ここで気づいた、お客さまの評価基準をまとめてみました。

- 後攻有利
- 世界観のあるネタがウケる
- まっすぐな漫才は爆発しない
- ニン（個性や、その人らしさ）がある人がウケる
- ネタから降りた箇所が爆発的にウケる
- 東京のライブシーンでウケてる人はネタから降りなくてもウケる

はい。どれも当てはまってない。終わり。まあ、諦めるわけにはいかないので、どうやってガクテンソクの勝ちの確率を上げるのかを考えました。

僕たちのグループからお客さまが入れ替わることはわかっていて、ある意味ではトップバッターなわけです。そして、前のグループでトップバッターだったスーマラさんが、しっかりめにツカミをやったというのを聞いたので、「ん？　逆に言うと、スーマラさんが寄席っぽい空気にしたってこともあるんじゃないか？」という可能性を思いつき、ここに突破口があると賭けました。僕がやったことは、

- 多少のツカミは入れるが、ツカミとネタは連動しているようにする
- ネタの前半部分に無駄をなくす

• 前半部分が後半に活きてくるようにする
• 後半に向けてウケていって最後に拍手笑いで終わる

簡単に言うと、「漫才らしい漫才」ということです。トップバッターでこのルールを敷いたら、お客さまの判断基準も変わるんじゃないか？　という賭けだったわけです。

結果、トップバッターにしては良い点数をいただいたのですが、マシンガンズさんのライブ感を崩すことはできず、ベスト32で敗退ということになりました。

大会初日は大阪勢は全敗退。2日目はラフ次元、ギャロップさん、テンダラーさんがベスト16に進んだわけですが、情報を聞く限り、大会の質は初日と一緒だったようです。

テンダラーさんには漫才師としてのニンがありますし、ラフ次元とギャロップさんのネタは、ネタ中にニンがついてくるネタだったので、しっかりウケたのでしょう。あと、MCが笑い飯さんだったことも影響していると思います。初日のトレンディエンジェルももちろん素晴らしかったんですけどね。

ニンのないコンビが仕上げた漫才をしても、『THE SECOND』ではウケきらないし、わざとスキマを作ってアドリブっぽく見せるネタや、ニンを乗せたやりとりがあるネタが爆発するのだと感じました。しかし、基本的に在阪の漫才師は、どうしてもネタを仕上げてしまう傾向が強いので、この大会の予選を勝ち上がるのはかなり難しいかなと思います。

ガクテンソクの漫才は、台本である程度完成されてしまっていて、なかなかニンが乗りにくい漫才だと思っています。なので、今後の目標としては、もっと人間味を入れていこうと思います。逆に言うと、人間味で漫才をしている人で、しっかりと台本を完成させる人はほぼいないので、

完成された台本＋人間味＝？

の答えを求めて、漫才にアプローチしていこうと思います。それは、THE SECONDだけの話ではなく、ガクテンソクの漫才としての将来にもきっと役立つと思えるので。

3年ぶりに漫才の賞レースに参加できてうれしかったですし、やっぱり悔しかったですし、未来のことまで考えさせられたので、やはりTHE SECONDには感謝です。

来年も開催されるなら、もちろん参加したいと思いますし、今回掴んだ傾向も踏まえてがんばるつもりです。

なんか、来年はめっちゃルール変わりそうな気もしますけど（笑）。

2023年5月20日 グランプリファイナル

生放送に合わせてピザを注文し、「『THE SECOND』を観る」以外の行動を排除して、完全に集中して観戦しました。

開幕戦ノックアウトステージのセットも豪華でしたが、ゴールデンタイムの地上波は、さすがに比べ物にならないくらい豪華で、松本（人志）さんが「環境バッチリやね！」と言った意味がよくわかります。

そして、あのオープニングVTR。THE YELLOW MONKEYの「バラ色の日々」。うん。もうしんどいよね。心が。最後までもつ気がせんよね。

4時間越えの生放送ということで、もっとオープニングに時間をかけるのかと思いきや、すぐにネタが始まったことにびっくりして、急いで心と体を、漫才を観る体勢に整えました。エモい気持ちになってる場合じゃない。

トップバッターの金属バット。いや、もう何も言うことはありません。紛うことなき金属バット。一瞬で会場のお客さんにも、テレビで見ている人にも、「M－1とは違う」と知らしめたと思います。ゴールデンタイムで金属バットの漫才を観ていることに、エモさが押し寄せてきましたが、グッとこらえて漫才を観きりました。観た人によって、いろんな感想があるのが金属バットだと思うのですが、僕から見たこの日の金属バットは「きれいな漫才師」でした。美しかった。

そしてマシンガンズさん。

ノックアウトステージで負けた相手です。まず、この2組の対決から始まるのが、本当に僕の心を締めつけてくれました。どっちにも勝ってほしいし、どっちにも負けてほしくない。

マシンガンズさんは、大筋は僕たちと戦ったときのネタですが、アドリブはその日の加減だと思うので、盛り上がり方も違っていて、正直、僕たちと戦ったときのほうがウケていたようにも感じましたが、それは相手が僕たちではなく金属バットだったからで、金属バットが作った空気を塗り替えていくことに時間がかかったのだと思います。

最後の最後、空気の塗り替えがギリギリ間に合ったかどうかのタイミングでネタが終わった気がしました。

結果は、僅差でマシンガンズさんの勝利。僕は僅差で金属バットかと思いましたが、最後の最後で間に合っていたのでしょう。テレビで観るのと、会場とでは、きっと感じ方が違うのだと思いました。とりあえず、この1戦目で、僕は体力の3割を持っていかれました。さすがに、このペースで全対戦の感想は書かないのでご安心ください。

そして2戦目は、スピードワゴンさんVS三四郎。

2組とも知名度があるので、その知名度を活かしたボケやツッコミが、やはりビシッとウケていたと思います。M－1だとそういうくだりはあまり評価されない印象ですが、THE SECONDは違います。そうやって16年以上漫才師として生き残ってきた人を、手法だけで排除するなんてありえません。笑いの取り方としては簡単に見えるけど、その知名度を得るためにした努力は簡単じゃないので。

あと、この対戦を観終えたあたりから、自分が決勝に残れていないことが悔しくなってきます。

3戦目はギャロップさんVSテンダラーさん。

いや、こちらもキツかった。ここでも体力が3割持っていかれました。どちらもお世話になった先輩ですし、抽選会を見ていたときも、「いやいや、なんでここで当たんねん！」と叫んだほどです。2組のネタは、舞台袖で何度も勉強させていただきましたし、大舞台でその魅力が存分に発揮されていて、もはや羨ましかったです。

そしてこの対戦から、お客さんの空気が変わったと思います。漫才を審査するという空気になったというか、温かい空気のまま、少しピリつき出したような気がしました。

それは間違いなく、2組の素晴らしい漫才が作り出した空気だと思いました。

4戦目は超新塾さんVS囲碁将棋さん。

コメントでも言われてましたが、完全なる異種格闘技戦。こうなってくると、どちらの競技が好きかというだけの話です。ただ、ひとつ前の対戦が、お客さんの漫才の観方を変えたと思うので、圧倒的に囲碁将棋さんの空気になっていたと思います。

2組ともめちゃくちゃ難しいことをしているなと思いました。5人での漫才なんて想像もできないし、囲碁将棋さんは絶対に噛めないネタでしたし、本当に状況次第ではどっちに転んでもおかしくなかったと思います。コース料理のような、食べる順番によって味の感じ方が全然違うみたいな感じ。んー、お寿司に例えたほうが良かったですかね？

4対戦を観て、僕の体力ランプが赤く光っていたので、ここで芋焼酎を注入。もうひとつのタンクにエネルギーが充填したのですが、アルコールは燃費が悪いのよね。感情が昂るから。

準決勝第1試合、マシンガンズさんVS三四郎。

この大会において、この会場において、マシンガンズさんの知名度は、もはや三四郎と同レベルかそれ以上の状態でしたから、知名度のアドバンテージはないし、どちらもアドリブなのかどうなのかわからない部分が魅力なだけに、明らかに本ネタとわかる部分の出来がものを言う対決だったと思います。

そして、マシンガンズさんがその部分で爆発していました。僕たちと戦ったときと同じ印象です。ネタじゃない部分が目立ちがちだけど、本ネタがちゃんと強い人たち。それが遺憾なく発揮されてました。

準決勝第2試合、囲碁将棋さんVSギャロップさん。

この対決を観終わったタイミングで、アルコールエネルギーも切れました。別に大声で騒いだわけでも、暴れたわけでもなく、ただ笑ってただけですが、心の中が大声で騒いで、暴れていたのだと思います。すごかった。素晴らしかった。怖かった。やっぱりかっこよかったです。

2組とも大好きな漫才師ですし、寄席などでご一緒したときも素敵な漫才をされているのを知っていますが、大舞台で観ると、こんなにもかっこいいのかと感動しました。あ、ここでエネルギーが切れた理由がわかりました。このとき、僕、普通に泣いてます。

2個目のタンクもカラになり、レモンチューハイをぶち込んで、最後の予備タンクを満たした状態で、いよいよ決勝戦へ。

決勝戦、マシンガンズさんVSギャロップさん。

準決勝終わりで、「3本目、ネタ薄いんだよ！」と叫んでいたマシンガンズさん。ご本人たち的にはネタが薄かったかもしれませんが、なにせ人間が濃い。おそらくネタは3分くらいだったと思います。ただ、マシンガンズさんの漫才は6分満ち満ちでした。この漫才を観ているとき、なぜ自分たちが負けたのかわかった気がしました。人間が見せられてないんだ。ネタも大事。けど、漫才師は人間なんだから、人間を見せないといけないんだ。

もう、何が何だかわからないまま、とにかく笑い泣きしてました。

そして、ギャロップさん。

ハッキリ言って、6分ネタを1日に3本も見せてしまったら、パターンも似てくるし、お客さんにも飽きが来ることは容易に想像できます。ただ、ここで大勝負に出たなと思いました。2本ネタを見せているからこそ、お客さんのギャロップさんへの期待値が整っているからこそできる、大フリからの一撃。その勇気と、優勝するための準備を、グランプリファイナル出場が決まってから何日も繰り返して、不安になりながらも、この3本でいくと決められたのだと思ったら、笑ってるんだけど、やっぱり涙が出てきました。

そして結果発表。この4時間を通じて、審査員のお客さんも、とんでもなく「漫才を観る目」が変わった気がしたので、この方たちの審査で優勝が決まるなら、どちらが優勝しても納得できるなと思いながら結果を見ました。

お客さんはすごい。あの日のあの大会においては、優勝者をプロの審査員が決めていたら、芸人たちは納得できなかったかもしれません。お客さんだから納得できたし、お客さんだから誰も傷つかなかったのでしょう。

M－1が終わり、日々お客さんの笑い声を求めて、漫才をやり続けていたのだから、一番を決めるのは、お客さんがいいに決まってたんでしょうね。

ギャロップさん、優勝おめでとうございます。

優勝が決まった瞬間、うれしさで涙が溢れ、悔しさで次の涙が込み上げてきました。

「来年こそは」

なんて簡単に言える大会じゃないことは、今回で身に染みてわかったので、とにかく、日々の漫才を丁寧に磨いて、その先にTHE SECONDがあることを祈りたいと思います。

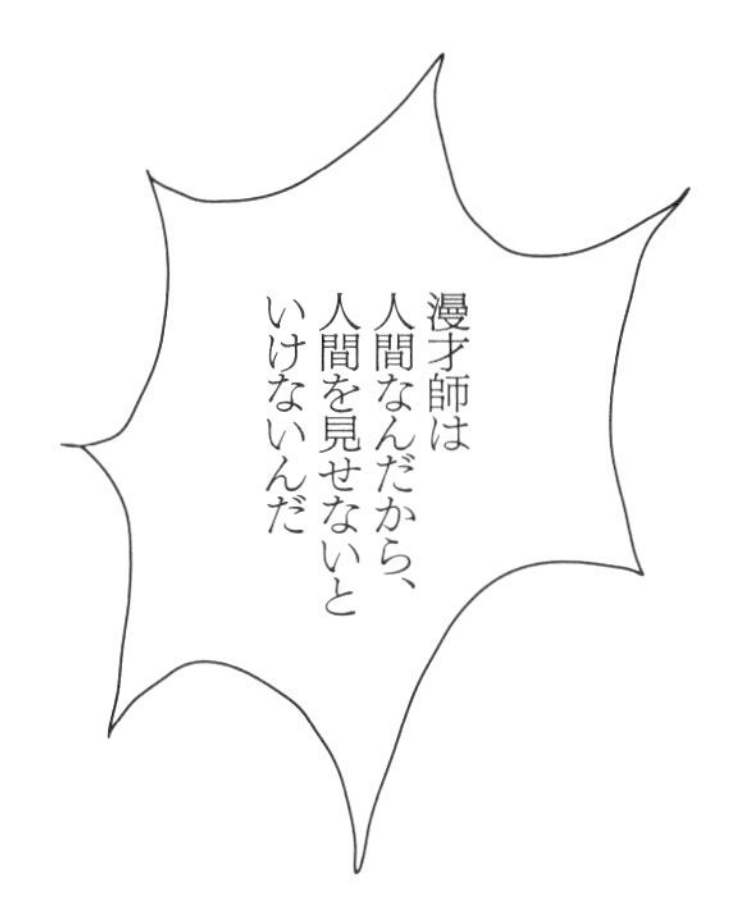
漫才師は
人間なんだから、
人間を見せないと
いけないんだ

２０２０年のM－1ラストイヤーを終えたとき、ひと区切りついた感もあって僕の中で上京はすでにチラついていました。それが２０２３年まで延びたわけですが、そのあたりのくわしい事情を簡単に言うと、大阪時代のマネージャーの策と情熱です。最後はそのマネージャーにも応援してもらって、ついに上京しました。

2023年2月24日

本日は朝から東京へ。

仕事は夜だけだったのですが、東京で住む部屋の内見のために朝からです。部屋の内見自体は2回目でした。

「今すべきこと」の現状1位は、間違いなくこれです。東京移住と言ってるのに、住むところがなかったら、移住ではなく遊牧です。なので、かなり真剣に部屋探しをしているわけですが、あのー、全然部屋決まらへんのやけど？
決まらなすぎて、もうちょっと笑ってもうてるんやけど？
え？　東京って部屋の数と人口の数がほぼ一緒とか、そんな感じ？　大阪と全然違うんやけど？

1週間前に「来週、◯◯の部屋見たいです！」と伝えても、次の日には「残念ながら、先に申し込みが入っちゃいました」というやりとりをすでに数回しています。

今日見たかった物件に関しては、「内見自体が3月1日からなのと、内見前ですが、すでに5件の申し込みが入ってるそうです。たぶん、このマンションのファンみたいな方だと思います」って言われました。

いやいや！　聞いたことないのよ！　マンションのファン⁉

東京ではもう、マンションは擬人化する時代に入ったん⁉　握手会的な感覚で並んでるん⁉　そんな新時代に突入してる街で、俺のお笑い通用するん⁉　いろんな意味で移住が不安やわ！

2023年4月7日

新年度に入り、ガクテンソク東京編がスタートしました。

1日に東京に向かい、渋谷のヨシモト∞ホールで東京初舞台をかまして、次の日にラジオの収録をして大阪に戻り、3日間ほど荷造りをして、昨日東京に入って打ち合わせ、そして本日は幕張で3ステージ立って、今まさに帰阪している最中です。

参勤交代でも、さすがにもうちょいペースは緩かったはずよ？

そして、気づかれた方もいらっしゃると思います。そうです。僕はまだ東京に移住できていません。住む部屋が決まっていないのです。ということで今、僕は東京に通っています。仕事のたびに片道1万5千円です。働いた仕事量と、交通費を計算したところ、めちゃくちゃ赤です。赤を出すために東京に行ってる感じです。

そして、この1週間のことをまとめてみたところ、「あれ？　思ってたよりバタバタしてない……。っていうか、まだ1週間しか経ってないの!?　体感は2週間以上経ってんねやけど!?　どうした？　時速300キロで体を運びすぎて、感覚ぶち壊れたのか!?」という気持ちにもなっています。

おそらく、普通に東京に家を借りられていて、日々ちゃんと家に帰れていたら、こんなことにはなってなかったのでしょうね。1週間に、東京↕大阪2往復はやったことがあったのですが、家がないだけで、こんなにも感覚が違うなんて。

ということで、早急に部屋を決めたいわけですが、ちなみに、すでに2回審査に落ちてます。書類に不備はなかったので、僕、もしかしたら東京都から、「通いはオッケーやけど転居はＮＧ」みたいな指示が出ているのかもしれません。道を歩くとき、できる限りゴミとか拾って、行政側にアピールしていこうと思います。

さて、今数えてみたところ、おそらくあと3往復で、東京に移住できる計算です。大阪の家の退去日は決まっているので、そこに東京の家への引っ越しが、ピシャッと合わさるかが勝負です。

皆さま、祈っててください。奇跡を起こすのはいつだって失敗を恐れない勇気です。僕は今、東京通いという、とんでもなく勇気のいる行動をとっています。それはきっと、奇跡を起こすに値する勇気なはずです。

いや、自分がダラダラ過ごしてたツケがまわってきただけやろ！　なにが奇跡じゃ！

2023年4月27日

東京で暮らし始めて2週間が経ちました。Instagramには、ビールを飲んでいる写真ばかりあげていますが、街を歩いていても知らないものが多すぎて、すべての景色が非日常で、すべてを違和感に感じてしまっているのか、スマホを取り出して写真に撮ってるヒマがないんです。逆に、ビールは大阪と何も変わっていないので、写真に撮ることで心を鎮めているのだと思います。

今は、自分の脳みそに東京を叩き込んでいる真っ最中です。現状、僕の脳みそに「東京ってどんな場所？」と聞いても、「めっちゃ人多い。電車めっちゃ乗る。バスめっちゃ要領良い」くらいの薄い答えしか出てきません。

こんなことなら、「東京は、現在の中国河南省あたりにあったとされる、北宋時代の中国の都市です」と、チャットGPTくらいぶっ飛んだ意見を言ったほうが、いくらかマシです。ただ、チャットGPTくらいに、狙いすましたボケが出てくるわけもないので、できるだけ正確な情報をインプットすることにします。

さて、本日は「月刊よしもとオンラインイベント」に、今年上京してきた芸人という括りで出演させていただきました。

僕たちのほかに、紅しょうが、マルセイユ、去年上京していたエルフという並びでしたが、当然、僕たちが一番のおじさんでした。

ネタの冒頭で、「40歳と41歳で上京してきまして……」と言ったのですが、もうふたりとも41歳でした。自分の年齢を間違えるレベルのおじさんです。

上京したての後輩たちも東京という街に苦労しているようで、出てきた不満は、

- ビールが基本680円から
- 普通の餃子屋でふたりで1万5千円いった
- 焼酎のボトル入れたら氷とソーダもお金取られた
- 全体的に高いから安い店が逆に怖い

ということで、全部酒に関することだけでした。みんな東京に来て、海賊になったのかもしれません。僕は僕でビールばっかり飲んでいるので、もちろん海賊です。このメンバーでONE PIECEを目指そうと思います。

2023年5月31日

上京する前に、先に上京した芸人さんたちから、よく言われていた言葉があります。

「普通に、趣味が仕事になるよ」

いやいや、それは売れまくってる人か、めちゃくちゃ特殊な趣味を持ってる人の話でしょ？　俺みたいな「アイドル・ニュース・ゴルフ」っていう、趣味が謎の大三角形を描いてしまってる人間は当てはまるわけないやん！

と思っていたら、一昨日急にお話があり、今日まさに収録してきました。

いや、ホンマに仕事になった！　普通に！　びっくりした！

AKRacingさんのYouTubeチャンネル内の、陣内（智則）さんがMCをされている『AKバラエティ』で、ゴルフレッスンを受けてきました。

いや、仕事になって、しかも上達できるわけでしょ⁉　え？　これ、一石何鳥⁉

一兎を追ったら干支が全部ついてきたくらいの感覚よ？　ちょっと得すぎてない⁉

大丈夫⁉

2023年7月6日

本日はルミネ2ステージです。トップバッターで5分出番です。ほかの劇場でのトップ5分はなかなかに難しいイメージですが、ルミネではあまり苦ではありません。

「ほかの劇場」と書きましたが、ルミネ以外の関東の劇場だと、芸歴的にトップバッターで出ることがほとんどないので、実際は、祇園花月とNGKが「ほかの劇場」にあたります。

これは、関西と関東の劇場の違いが大きいのかなと思います。まず、関西の寄席公演だと、漫才のあとに新喜劇があります。ガチガチにお目当ての芸人さんがいるわけではない関西のお客さまや、観光などで関西の劇場に足を運んだことがある方は、ほぼ例外なく「（吉本）新喜劇を観に行った」とおっしゃいます。

「お笑いを観に行った」「よしもとを観に行った」ではないんです。これがデカい。メインは新喜劇なので、その前の演芸は「前座」です。もちろん、新喜劇前の漫才、落語、諸芸もちゃんと観てくださってるのでしょうが、あくまで前座なので「おもしろかったらラッキー」という感じなのかもしれません。

2024年4月1日

本日で上京2年目に突入しました。皆さまの応援のおかげです。いつもありがとうございます。

昨年の今頃を思い出してみますと、3月31日まで大阪所属で、4月1日になった瞬間東京所属になるということで、31日の夜に大阪でのライブに出演して、1日からヨシモト∞ホールとルミネの2ステージというスケジュールだったのですが、1日の東京行きは、東京所属なので自腹新幹線という波乱の幕開けでした。

そして、この頃はまだ東京の家が決まっていなくて、この日はたしかインディアンス田渕（章裕）の家に泊めてもらったと思います。田渕のホスピタリティがすごすぎて、お鍋をふるまってくれて、僕にベッドを譲ってくれて、自分はソファで寝ると言いだしました。

さすがにそれは何度も断ったのですが、最終的に「『ラヴィット！』で買った高級ベッドに、自分以外の人に寝てみてほしいんすよ！」と言われて、押し切られるかたちでベッドで寝ました。確かに最高だったと記憶してます。

次の日にラジオの収録があって、それ終わりで大阪に帰りました。だって、家はまだ大阪で、その時点では東京の家も決まってないし、なんなら引っ越しの作業すらまだしてなかったんですもの。

東京に引っ越したのが14日なので、2週間大阪から東京に通ってました。物件の契約など、仕事以外でも東京に来る用事があったので、交通費が15万くらいかかった覚えがあります。

あの頃は交通費に追いかけられて、今は家賃に追いかけられてます。1年間追いかけられっぱなしです。そこに9月ごろからクレーンゲームにハマってしまったので、自らにトドメを刺しにいってます。

この1年は、あっという間だったという感覚はなくて、ここ数年で、一番長く感じた1年間だったと思います。仕事でも私生活でも、きっといろんな初体験が多かったので、すごく刺激があったのでしょう。だから、次の日が来ることを楽しみしてたんだと思います。楽しみにしてると、次の日ってなかなか来てくれないんですよね。そんな日常を四十路で経験できるなんて、それだけで上京という選択に意味があると思えます。

2年目も新しい刺激を自分からもらいにいって、1年間を長く感じられるようにがんばります。

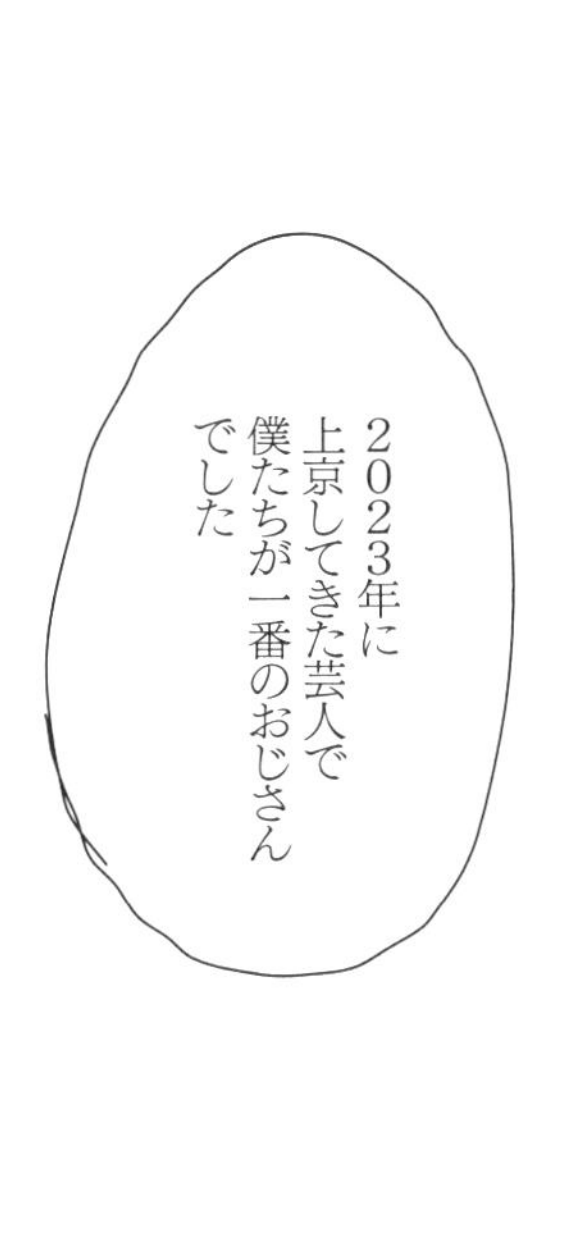
２０２３年に
上京してきた芸人で
僕たちが一番のおじさん
でした

THE SECOND 2024日記

２０２３年10月19日

12月４日に新ネタライブやります。やるよ！　新ネタ！　だって、またアレがあるんでしょ⁉　サラッと1月か2月くらいから予選が始まんでしょ⁉　あったとしても、なかったとしても、こっちはあること前提で動くしかないんだから！　やってやるってばよ！

２０２３年11月９日

来年度の『THE SECOND』の開催が発表されました。12月４日に新ネタライブを入れたのも、「もし、来年も開催されるとして、予選の日程が今年と同じようなことになるのであれば、このあたりで新ネタ作って、年末年始で仕上げといたほうがよいのではないか？」という予想を立てて、スケジュールを組んだのですが、決勝が来年5月と決まっていたので、おそらく僕の予想は大当たりです。そして、当たったせいで、精神的にうっすら追い込まれた気分です。心に余裕が出るかと思いきや、まさかの逆効果。自分でも驚いております。

2024年2月1日

さてさて、2月3日は『THE SECOND』の予選です。予選前の最後の漫才が今日終わりました。次に相方と会うのは予選会場になります。

詰めがねぇ、甘い気がするんですよ。けど、その詰めの甘さを楽しむ大会な気もするんですよ。去年の経験から考えると。でも、2回目は空気が違う可能性もあるから、結局出たとこ勝負な気もするんですよね。

とりあえず、今日と明日で考えて、本番前に集合してネタ合わせですね。大丈夫大丈夫。1月は40本以上ライブに出たんやから、自信持っていこうぜ。

いよいよ、おじさんたちの甲子園が始まります。まずは本大会出場を目指してがんばります。

2024年2月21日

本日18時に発表がありましたとおり、ガクテンソクくんが『THE SECOND』の32組に選ばれました。非常に喜ばしいですね。

さまざまな意見があると思いますが、それはそれ、これはこれ。19年以上漫才師として生きてきたのだから、自分が走るレールくらい自分で作れないといけないし、自分が走りたいと思ったレールを見つけたなら、蒸気噴き出してがむしゃらに走るだけです。

ということで、ここからまた始まります。自分がなりたいものになるための特別な時間が。

2024年2月28日

昨夜は『THE SECOND』の抽選会でした。

すごいトーナメント表ができあがりました。人間が脳みそで考えたら絶対に実現しない組み合わせばかり。トーナメント表を見るだけで、どれだけガチンコなのかがよくわかります。

1時間半にも及ぶ抽選会でした。個人的な見どころは、相方のひと言「まだ、おってえぇの？」です。

「もう、帰ってえぇの？」ならわかるんです。それが、「まだ、おってえぇの？」なんです。

どういう意味？　もし「おってえぇ」ってなったらどうするつもりやったん？　相

方のすべてが詰まっているシーンだと思います。

そして、僕たちの対戦相手はシャンプーハットさんとなりました。

いやぁ、マジで痺れますね。あのシャンプーさんと戦う？　漫才で？　どういう人生？　マジでセカンドすぎるんですけど。

勝ち負けにはこだわっていますし、もちろん決勝、その先に夢を見ていますが、そんなことより初戦です。あのシャンプーさんと漫才で戦える喜び、ありがたさ、怖さ、そのすべてを満喫します。それだけは僕たちにしか許されていない特権だと思うので。自分たちの普段を出し惜しみなくぶつけたい。それ以上が出ないと届かないのかもしれないけれど。

けど、実力以上のものは当日の舞台が、お客さんが、引き出してくれるものだと思っているので、自分でできる準備としては１００まで。その１００の輪郭をより濃く、紙が破れない程度になぞって、鮮明にできるかどうか、ぼやけたら僕の負け。

いいですね。抽象的な表現が湯水の如く湧き出てくるときは、心のコンディションが良いときです。とりあえず、現実としてすべてを引き受けられている証拠です。

とにかく、すべてを出し切れる準備をします。すべてを出し切った先じゃないと、何かが見つかることもないでしょうしね。

ということで、本日はルミネ2ステージでした。昨日の今日ですからやはり気合いが入りました。今日からのすべてをその日につなげていく所存なので。

空き時間、相方とネタ合わせしようと思ったら、一瞬でどこかに行ってて、めちゃくちゃ肩透かしを食らいましたが、そこもなんとかつなげていきます。

もうすぐ42歳。エモい毎日が続きますように。

2024年3月13日

本日はルミネ3ステージでした。

寄席公演での漫才は、出る前に舞台袖でお客さまの雰囲気を確かめるところから始まって、ネタを決めて合わせて、舞台上では微妙にネタ合わせとは言葉選びを変えたりして、その日の空気にネタをフィットさせる作業をしてます。

コンビによって考え方はいろいろあるでしょうが、ガクテンソク奥田としてはそんな感じです。それが楽しいから飽きないんだと思います。

ただ、今はまあどうしても『THE SECOND』が頭にあって、ネタをしている最中も、ずっと脳内にシャンプーハットさんがいらっしゃるような気分です。

そして、これはこれで、だいぶ楽しいです。

こういう刺激があるのもいいですね。おじさんになると、ちょっとした刺激では、脳が刺激と感じてくれませんから。

ネタ出番後も相方と話し合って、予選で披露するネタを2本選びました。もちろん明日からも舞台にかけていきますし、なんなら全然違うネタにするかもしれませんが、とりあえずこの2本が今のガクテンソクかなというものを選べた気がします。

ということで、明日からの舞台も、どうやら刺激的になってくれそうです。

2024年3月18日

土日は沼津でした。2日でネタ8本する漫才合宿。もう来週が『THE SECOND』のノックアウトステージということで、否が応でも意識しまくって挑みました。

まあ、まずまずというか、「うん、そうだよね」って感じでした。ニュアンスがキツすぎましたね。ただ、本当にそんな感じだったので、本番はとりあえず平常心で挑める気がしてます。

2024年4月6日

本日は沼津です。2日間でネタ8本を披露するわけですが、否が応でも『THE SECOND』のことが頭にあるわけです。そろそろ日にちも迫ってきてることですし、いい加減ネタを決めたいところなんですが、なかなか決め手がないって感じです。マジで全部同点なんよなぁ。

2024年4月22日

『THE SECOND』のグランプリファイナルに進出することができました！　やりました！　10年ぶりの全国大会のステージです！　楽しみでしかないです！

2010年に終了したM－1が2015年に復活する前の2011〜2014年に開催されていた『THE MANZAI』は、放送日と国政選挙の投開票日がかぶってしまって、2回くらい放送時間が夕方に変わった覚えがあります。

その最後の大会に出場して以来なので、今年の5月はさすがに選挙はないと思いますが、とりあえず平和であってくれ世界。穏やかに当日を迎えさせてくれ。

昨日で決勝8組が出揃ったわけですが、僕たちを含めて激渋メンバーですね。お笑いに興味のない方が知ってるとしたらタイムマシーン3号さんだけ？　お笑いに少し興味がある人で金属バットとななまがりまでかな？　昔お笑いが好きで、最近離れていた人でザ・パンチさんが入るかどうか。あとはもう、ねえ？（笑）

でも、そんなメンバーでゴールデンタイムにテレビで漫才ができるなんて、夢がありすぎる話なので、この現実で起こった夢を、目一杯楽しみたいと思います。

2024年5月18日グランプリファイナル

いよいよこの日がやってきました。選考会から3ヶ月。昨年のグランプリファイナルを家で観ながらベロベロになってから1年です。

前日の朝、インディアンスの田渕(章裕)からLINEで「おはようございます! 奥田さん今日一杯だけ飲みたいですけど!」という連絡が来ました。こんな連絡はうれしいだけです。もちろんオッケーということで、お互いの仕事終わりの21時ごろから少しだけ飲みに行くことにしました。

よく行く居酒屋さんの前に着くと、その店から出てくる見覚えのある顔が。フルーツポンチの村上(健志)くんでした。僕たちの顔を見ると、「あれ? ふたりで行く感じ? え! 俺も参加していい?」と言ってくれたので、3人で飲むことに。

さっき出て行ったはずの村上くんが数秒で戻ってきたので、居酒屋の大将は大層驚いてらっしゃいましたが、何も言わずに村上くんの分だけお通しをカットしてくれてました。そういう無口でオシャレなところが大好きです。

田渕としては、僕を元気よく送り出す予定だったと思うのですが、気がついたら昨年の『THE SECOND』で32に残ったことで、漫才魂に火が付いた村上くんの漫才論をふたりで聞く会になっていました。要所要所で田渕が、「いや、あんたの漫才論はもうええねん! 奥田さんを送り出す会や!」とツッコんでいましたが、ひるまず続ける村上に結局笑いが止まりませんでした。
もしも自分がお笑いを辞める日が来るとしたら、舞台はもちろんですが、芸人同士の飲み会での、こういう光景を見られなくなることが心残りだろうなと思いました。
この光景を見続けるために必要なのは結果のみ。明日を一層がんばろう。うん。そうしよう。

朝起きて、もちろんルーティンを済ませ、まずは草月ホールへ。決勝が決まる前から入っていたネタ時間15分の漫才イベントへ。
THE SECONDでやるつもりのネタを試すか迷いましたが、1本だけ試してみました。手応えはめっちゃ普通でした。僕たちの前の出番だったエバースがバカウケしてて、ちょっと恥ずかしかったくらいです。イベント後、フジテレビへ向かうタクシーの中で相方と「うん。まあ、本番前に客前に立てたってことは、なぁ？　まあ、めっちゃ意味あったやろ。なぁ？」と、言い訳がましいことを言い合うくらいには、お互い恥ずかしかったみたいです。

15時にフジテレビに入り、楽屋のあるフロアに行くと、壁から床からお花から、すべてが完全なる「THE SECONDモード」。今まで見たことない、会ったことのないスーツの大人だらけ。ビビりすぎて逃げるように楽屋に入りました。

15時45分ごろからリハーサルが始まり、決勝のスタジオに入りました。スタジオはノックアウトステージと同じスタジオだったのですが、すべてのセットが豪華にバージョンアップしていました。

セットを見ると緊張するかと思っていたのですが、楽屋フロアのほうが緊張していたので、スタジオのほうがむしろ居心地が良いとまで感じていました。

リハーサルが終わり、「胃に何か入れとくなら今かな？」と思って、僕はホットドッグとハッシュドポテトを、相方はきゅうりのサンドイッチひと切れをいただいて楽屋に戻りました。きゅうりのサンドイッチって何？

楽屋に戻ってふたりで無言で食べていたんですが、相方はきゅうりのサンドイッチを半分残してました。ひと切れを半分残す？　どういう意味？　ほんで、きゅうりのサンドイッチって何？

袋に残されたきゅうりのサンドイッチ半分を見ながらネタ合わせを進めていく中で、順番こそ決めてはいませんでしたが、とりあえず本番で披露するネタ3本は決まりました。そして着替えてスタジオへ。

トップバッターのハンジロウさんのネタが始まったあたりで、スタッフさんが楽屋に呼びにきてくれる手筈になっていましたが、やはり緊張してしまうので、オープニングからスタジオに行きました。

いきなり始まったのがギャロップさんのオープニング漫才。お客さまはサプライズだったとのことですが、出演者にもサプライズでした。いや、ちゃんと進行台本を読んでいた人は知っていたのかな？　とりあえず、僕たちは知りませんでした。

スタジオのモニターで漫才を見ながら、「うわー、これはめっちゃ緊張するやろなぁ。キツいなぁ」なんて言ってたので、この時点ではおそらくまだリラックスできていたようです。

第1試合が始まる前に、2試合目で自分たちが登場する上手袖へ行くと、今から戦う金属バットはもちろん、第3試合のタモンズ、前説のダイタクとイチキップリン、リザーバーだった囲碁将棋さんがいらっしゃってて、ほうぼうで言われていますが、本当に大宮（大宮ラクーンよしもと劇場）の楽屋のようでした。

そのまま1試合目を見学し、金属バットの291点という高得点を目にしたとき、急に脳みそが回転しだしました。

「次勝ったら金属とやるんか。できれば後攻を選べたらいいけど、292点以上って、

16↓8のときのネタで勝負するしかないやん。確かに、そのネタを今からやろうとしてるけど、それで勝てたとして、次どのネタで金属と戦ったらええん？　けど、このネタを金属に当てるように取っておいたとして、それ以外のネタでラフ次元と戦うのも不安やぞ⁉　どうしよ‼」

その考えをそのまま相方に伝えると、「で、どうするん？」と腹立つくらい一撃で返してきたので、「ラフ次元のネタ見て決めるわ」と言いました。そしてラフ次元のネタ中も脳は回転し続けます。

「ラフ次元はこのネタかぁ。最後でっかい笑いで締められるやつやん。確実に勝つにはもともとのネタでいきたいけど、金属にも勝とうと思ったら置いとくしかないぞ……うん。ここで勝って金属に負けるのも、ここで負けるのも一緒や。なら、どっちにも勝てるかもしれないほうに賭けよう」

ネタを変えることにしました。進行台本を見たら、僕たちの前に1分半のCMが入ることがわかったので、なんとか合わせることはできると思いました。気持ちは決まったので、すぐ相方に話しかけました。

奥田「ネタ変えるわ」

よじょう「うん」

奥田「次先攻でも副業のネタなら勝負できそうやし」

よじょう「じゃあどっちでいく？」
奥田「いや、どっちもキツそう」
よじょう「え？　どうするん？」
奥田「国分寺いける？」
よじょう「物件ありの豪邸の流れ？　たぶんいける」
奥田「オッケー。流れだけ合わそう」
別のネタに決めたのは、残った２本のネタでは、流れ的にラフ次元に勝てると思わなかったからです。
それにしても、楽屋でのネタ合わせはなんだったんでしょう。ラフ次元のネタの後半１分ほどと、ＣＭ１分半のネタ合わせで一試合目を迎えることになるなんて。
いよいよガクテンソクの出番。精神状態はリラックスの真反対です。ただ、ネタがウケるかウケないかというより、漫才をちゃんとやり切れるかどうかに緊張の方向が向かっていたので、変なリキみがない状態で漫才をやり切ることができたような気がします。この感覚は僕たち的には非常に大きかったと思います。そこからすごく冷静になれました。

ななまがり対タモンズは、内容というよりウケ方だけを聞いていました。爆発力か、継続力か、今日のお客さまはどちらが好きなのか探っている感じ。

しかし、そのあとに起こった「ザ・パンチショック」ですべてはサラ地に。去年のマシンガンズさんの快進撃を思い出しました。ということは、パンチさんも災害側？抽選会の日の強風は、（ノーパンチ）松尾さんが吹かせてた感じ？


暴風の余韻が残った舞台で、金属バットとの準決勝。僕たちは先攻として舞台に立ちました。漫才をやったあとの感想としては、「いやいやいや！　さっきと同じ舞台か⁉　ほんまに同じお客さんか⁉　別もんすぎるやろ！　舞台袖で観てても、確かにパンチさんはえげつなかったけど、こんなに影響ある⁉　もしかして、俺たちのネタ中、（パンチ）浜崎さん見切れてた⁉」という感じでした。極力意識はしないようにしていましたが、やはり16→8のときの最高得点時のウケを体は覚えていたのでしょう。それに比べると弱かったというのが率直な感想です。

ショックからなのか不安からなのか、後攻の金属バットのネタを観ることができない状態だったので、タバコを吸いに行きました。スタジオに戻ったのは金属のネタの中ごろで、拍手笑いが起きているときでした。

舞台袖に戻り、相方にどんな感じか聞くと、「めっちゃウケてる。ヤバいかも。けど、シャンプーハットさんのときのこともあるし、マジでお客さんの好みによると思う」。

「お客さんの好みによると思う」

この言葉で、なんだか気分が落ち着きました。そうよね。お客さまに委ねるしかないよね。相方のほうが冷静やん。

ここの結果発表が、今年どころか、去年どころか、経験してきた過去の何かしらの結果発表の中でも、一番緊張してたと思います。だって、あと1本漫才がやりたいじゃない。

結果は僕たちの勝ちでしたが、本当に紙一重だったのだと思います。その日のお客さまのひとりでも違っていたら、いや、左右のお客さまの座り位置が逆だったら、いや、もっと些細なことで、きっと結果も変わっていたでしょう。

しかし、この日はガクテンソクが勝つことになったわけですから、すべての結果を引き受けて、3本目の漫才へ向かうだけです。悔いだけは残さないように。

準決勝第二試合はタモンズ対ザ・パンチ。タモンズのネタを見たあと「あ、これはタモンズとやることになるかもなぁ」と思いましたが、初戦で起こしたパンチ台風の威力は凄まじかったようです。思ったより点差も開いていました。

パンチ台風は勢力を維持したまま、ついに僕たちの目の前に上陸。ガクテンソクが暴風域に入りました。防災訓練の成果を試すときが来たわけです。

グランプリファイナルが決まってからずっと、「僕たちが決勝戦に進める大会だとしたら、反対ブロックから勝ち上がるのは、おそらくパンチさんだろう」と思っていました。タイムマシーン3号さんの線もありましたが、ハンジロウさんかラフ次元が決勝戦に行く大会なら勝ち上がるのはタイムさんだと思ってて、金属が決勝戦に行く大会なら、タモンズかななまがりが勝ち上がると予想してたんです。

ついに決勝戦。相手は予想通りのパンチさん。僕たちのほうが準決勝で点数が高かったので、後攻を選ばせていただきました。

決勝前の先攻側の舞台袖には、東京よしもと芸人たちが集まっていて、パンチさんのセコンドのように見えました。

後攻の舞台袖はというと、最初はガクテンソクふたりしかいなかったのですが、続々と大阪出身の後輩たちが集まってきてくれました。そして金属バットの友保（隼平）が、「大阪の兄さんをひとりにするわけないっしょー」と言いました。さっき戦って負けた相手に、そんなことを言えちゃう大会がTHE SECONDなんですよね。

決勝でやるネタはすぐに決まりました。そしてさらに、対ザ・パンチさんということで、それ用に少しブラッシュアップもしました。2ボケほど削って、新しいフレーズをひとつ入れました。

話は変わりますが、決勝戦が始まる前、優勝商品の紹介や、ＭＣと見届け人の皆さまとのやりとりがけっこう多くて、ＣＭも入れたら10分くらいあったのですが、それってもしかして、準決勝第二試合のコンビが、続けざまに決勝戦でネタをやることにもなるから、息を整えたり、ネタ合わせできる時間を作るための演出ですか？　だとしたら愛が溢れすぎてますよ。

決勝戦が始まりました。パンチさんの漫才を舞台袖のモニターで見学。直感として「あぁ、さすがにお客さんも疲れてきてるんかなぁ」と思ったのですが、「砂漠でラクダに逃げられて」が出た瞬間のウケを聞いて、「んーと……どっち？」となりました。

ＣＭを挟んで僕たちの出番だったのですが、ＣＭ中に相方に話しかけました。

奥田「ツカミに貴乃花の息子入れよか？」

よじょう「え？　なんで？」

奥田「パンチさんの2本目で、大江裕さんで拍手きてたやん？」

よじょう「そうなん？」

奥田「え？　……まあそうやねん。だから、お客さんが疲れてるかどうか、それで判断したいんよ」
よじょう「わかった」
奥田「しゃべり出しはあなたからで。いける？」
よじょう「たぶん」
奥田「よろしく」
まさに最後のネタ合わせが終わりました。
「いや、そんなことよりパンチさんの2本目ちゃんと観てないやん！　びっくりした！　俺の横で観てる感じでパイプ椅子に座ってたけど、もしかして寝てた？　ウソでしょ？　ねぇ何しに来たのー？　国分寺の竹林で竹の子の上で寝て朝を迎えてぇー！」

そして本番、よじょうのツッコむほどでもない甘噛みから漫才がスタート。

「さっきの『たぶん』ってなんだったのぉー⁉　国分寺の国分寺跡地にある溝に挟まって動けなくなってぇー！」

まあ、パンチさんが本ネタからの脱線部分で爆発的にウケるので、僕たちは逆に、とにかく無駄の少ない漫才を選んだので、緊張するのは仕方ないんですけどね。

とにかくやり切りました。パンチさんとは正反対の漫才を提示したわけですから、これで気持ちよくお客さまに委ねることができたと、心はとても晴れやかでした。

そして結果発表。パンチさんの点数が出た瞬間、めっちゃ感情を間違えて泣きそうになりました。

だって、点数見た瞬間、「！！！　……これ、たぶん勝ったやん……」と思ってしまったからです。

ここで泣くのは絶対に意味わからんと思って、がんばって堪えたのですが、結果発表に後攻側から出てきた友保に、「いや、泣くん早いて！」とめちゃくちゃ見抜かれてました。あと、最後の最後に「何者かにな、なれっ、たんですど！」と、めちゃくちゃ噛みました。合わせて恥ずかしかったです。

というわけで、僕のTHE SECONDの回顧録というか、備忘録はこれで終わりです。あの日、エンディングでめちゃくちゃ噛んでしまったので、こちらでしっかりと改めて言います。

Ｍ－１に出るという目的のために漫才を始めたはずが、相方とのケンカによって、「漫才で何者かになってから解散する」と誓ってから13年が経ちました。

その間に、目的達成の手段だったはずの漫才そのものが目的に変わり、漫才そのものが好きになりました。そして改めて、好きになった漫才で1番になりたいと思うようになり、それを目指せる大会が目の前に現れ、そして1番になれました。そして、何者かになれましたが、漫才辞めません。一生やります。

ってかさぁ……エンディングでこんなことを、噛んでまで言ってしまったんですが、冷静になってよく考えたら、僕たちって、まだ何者にもなれてなくないですか？　何者かになれるかもという、スタートラインにようやく立てただけなんじゃないですかね？　じゃあ、めっちゃ恥ずいやん。

まだ何者かになってないんだから、まだまだ漫才を辞めるわけないです。これからもよろしくお願いします。

4章

何者かになれなくても

『THE SECOND』で優勝したことで、僕の人生はガラッと変わったように見えるかと思います。確かに僕の目から見える景色は確実に変わりました。ただ、僕という人間自身は何も変わってなくて、やっぱりただの四十路独身上京漫才師です。こんなときくらい浮かれたほうがかわいげあるのにね。浮かれられないおじさんになってしまいました。

こんな機会でもないとお伝えできないと思いますので、僕の人生との向き合い方や考え方をお話しさせていただきました。ぜひ、僕の声を脳内で再生しながらお読みください。

少しでも心の琴線に触れたら飛び込む

僕が大人になってからアイドルを推すようになったきっかけは、たまたま仕事で観ることになったAKB48の選抜総選挙ですけど、現場では60位くらいから発表されていくんですよね。

それを観ていると、60位から50位ぐらいの発表で呼ばれたり呼ばれなかったりした子が一番泣いているわけですよ。中間発表の時点で名前が入っていなかった子が予想外のランクインに泣いたり、逆に中間発表で50位ぐらいにいたはずの子がランクインの可能性がないことに気づいて泣いたり。そして、ランクインした子のファンたちが、局地的に声をあげたりしている。すごい世界だなと思って。

青春とも違う、プロの仕事としてあの場に臨んでいるんだと思ったときに、自分はそこまでの覚悟を持って漫才をやってないなと思いました。彼女たちは自分が何歳ぐらいまでアイドルとして活動できるかわかっていて、それまでに結果を出そうと必死で向き合っている。でも、漫才師は70～80歳でもできるかもしれない。『俺、まだ時間あるわ』って思ってないか？」って考えてしまいました。

そんな目線で発表を観ていたら、めっちゃ泣けてきて。「これは応援しちゃうよな」と思いましたね。

アイドルを好きになって、改めて自分の生活を豊かにしてくれている〝推し〟について考えてみると、推しの現場ってみんな丸裸やなって思うんです。

社会に出ると、人によっていろんな仕事をしていて、それぞれ立場や収入も違いますよね。でも推しの現場に行くと、誰も職業の話なんてしません。みんなアイドルの話をするんですよ。普段はスーツを着てる人も、作業着を着てる人も、現場ではみんな推しのTシャツを着ていて、みんながフラットなんです。年上か年下か、みたいなことも関係ないし、マウントを取り合うこともない。本当に丸裸なんですよ。

実社会では、自分より上手くいっている人を妬んだり、自分より上手くいっていない人をバカにしたりするようなこともあるでしょうけど、そればかりだと歪んでいってしまうと思うんです。だからこそ、そんなものをとっぱらって集まって、「明日からもがんばろう」と思える、推しの現場って大事なんじゃないかなって。

そして何より、自分が恥ずかしくなるくらい、ステージに立つアイドルががんばってるわけで。その姿を見たら、他人に偏見を持ったり、よこしまな目で見たりするような気持ちはなくなりますよね。

一方で、推しの現場という非日常のためには、普段の日常も大切にする必要があると思っています。僕は「お仕事あっての推し事」ってよく言ってるんですけど、日常生活をがんばるからこそ、非日常が楽しめるんですよね。

それが僕の場合はアイドルやったりするわけですけど、何か非日常として楽しめるものがあれば、普段の自分というものの輪郭もはっきりするんじゃないですかね。

だから、何かにちょっとでも「いいな」と思ったら、「恥ずかしい」「いい歳だから」って気持ちに蓋をせず、飛び込んでみたほうがいいですよ。それこそ、いい歳してアイドルを推すなんて、相当恥ずかしいことですから。でも、周りの目や年齢を気にしてしまう気持ちを一度全部剥ぎ取って、アイドルオタクになってるんです。歳を重ねると、たいていのことには心が動かないんだから、少しでも琴線に触れたら絶対やったほうがいいと思います。

自分の機嫌は自分で取る

僕ができるだけ「自分の機嫌は自分で取ろう」と思うようになったのは、30代後半ぐらいからですね。「俺って、基本的に機嫌悪いな」って気づいたんですよ。自分は基本的にそんなに機嫌がいいタイプではない、それが平熱なんだとわかったところで、どうやったら機嫌がよくなるのか考え始めたんです。

そしたら、普段の機嫌の平熱が低いぶん、ささいなことで機嫌がよくなることがわかって。例えば、帰り道にある立ち飲み屋さんの看板が気になったら、前は「声かけられたらイヤやな」とか思って通り過ぎてたんです。でも、そこで立ち止まってちょっと見てみたりするようになったんですよ。それだけで、「今度行ってみよう」って楽しみが増えて、機嫌がよくなる。

簡単なんですよね。でも、逆に言うと、そうでもしてないと周りには不機嫌なヤツだと思われてるかもしれない。だから、自分の機嫌は自分で取るんです。

お店の看板見たり、不動産屋さんに貼ってある物件見たりするだけでもいいんですけど、たまにむっちゃヘンなこととして機嫌よくなるときもあります。

山手線で目黒から品川方面に行く途中に、カーブしてるのかグッと揺れるところがあるんですよ。そこで内股にしてみたら、めっちゃ安定して。漫画『グラップラー刃牙』の愚地独歩(おろちどっぽ)っていうキャラがやる最強の防御の構えの真似なんですけど、周りの人たちが揺られて3～4歩ずれてる中、僕だけは半歩ずれたぐらいで。あれは機嫌よくなりましたね（笑）。


それに僕は芸人という職業なんで、ちょっと機嫌悪くなりそうなことも、ネタやエピソードにできちゃったりするんです。

例えば、僕は9分割に仕切られたお弁当とか「意味わからん」と思うタイプなんです。「なんで米3種類もあんねん。1個白飯で、1個おこわで、1個ちらし寿司って、どういうつもり?」とか、「ゼリー1個だけって、お前に1部屋はちゃうやろ」みたいな。そこで「なんやねん、このお弁当、じゃあ食べへんわ」とか思ってたら不機嫌で終わっちゃいますけど、SNSに上げれば、「わかります」って共感を得たりして、機嫌がよくなる。自分がどう処理するかで、自分の機嫌は決まるんですよね。

子供の頃と違って、おじさんは同じような日常に慣れてきているわけじゃないですか。慣れたことは、上手くならないとあかんわけで、「何をずっと同じ場所でレベル上げやっててんねん、進め進め」っていうね。だから、いつもどおりの出来事なら、次は上手くやれるように脳みそが切り替わってきたんでしょうね。

あと、日常的に自分の機嫌が取れるようになると、わざわざ自分のために何かしようというより、人のために動けるようになるんですよね。結果的に自分のためになることもあるけど、動いている瞬間はそういう打算もなくて。行動の動機が、恩返しとか罪滅ぼしになるというか。

例えば、後輩に奢るという行動をすると、みんな「ごちそうさまです！」って言ってくれるんですけど、こっちとしてはお付き合いいただいてる感覚なんですよ。さらには、僕がその場で原発の仕組みなんかについてハイパーロングしゃべりをかましてしまうようなときは、奢るなんてただの罪滅ぼしですよね。つまり、当たり前のことなんです。

100点ではなく、最高の80点を目指す

僕はもともと緊張しいで、今でもよく緊張しますけど、人前で緊張しないほうがおかしいと思ってます。ただ、構成作家の先生か師匠か、どなたかに言われたのが、「100点を出そうなんて思ったらあかんで」っていう言葉で。そもそも100点なんて、相当コンディションがよくないと出せないじゃないですか。友達としゃべってても、100点なんか出ないわけで。それを賞レースみたいな緊張する場で100点を出そうとしたら、60点以下になることもあると。「本気で80点出そうって緊張しときなさい。ほんなら、70点くらいで済むから」って言われて。それからは、緊張しいつも20点分くらいの心の余裕は生まれるようになりましたね。

ただ、毎回80点を出すのも難しくて。陸上で言うなら、世界記録を出そうと思ってがむしゃらに走るより、毎回10秒フラットで走るほうが難しいじゃないですか。でも、賞レースはともかく、劇場で漫才をやる人って、毎回10秒フラット的なおもしろさが求められてると思うんです。当たりはずれがあってがっかりされるんじゃなくて、80点のおもしろさがあるっていう。

だから、僕も「努力して最高の80点を取りにいく」っていう心持ちになりました。

80％の力でやるのではなく、100％の力で80点を狙うんです。そのために準備も100％で備える。たまたま100点が出ても、それはおまけですよね。欲張らず、また80点を狙っていくんです。

人付き合いに関しても、特に若いときはちょっと緊張しいな部分がありましたけど、加えて「ええかっこしい」みたいなところもあって。好きな先輩にはおもしろいと思われたいし、後輩にもすごい、かっこいいと思われたい。そういう願望が強すぎてのミスが多かったです。

空回りして、先輩にもよく怒られてました。逆におもしろがってくれたのは、笑い飯の哲夫さんくらいですね。飲み会で哲夫さんにおもしろいと思われたすぎて、ベロベロになって「鳥人」という笑い飯さんの代表的なネタにダメ出しするという、めちゃくちゃヤバいことをしたらしくて……。というのも、僕はまったく覚えてないんですよ。

その対策を考えたんですけど、まずかっこいい、おもしろいと思われたい、つまりよく見られたいということは、ホンマの自分を見られたくないということじゃないですか。どう判断されるかわからなくて怖いから。だからバリアを張って、本当の自分じゃない、自分の分身みたいなものを作ってしまう。でもきっと、分身を褒められても満足しないんですよね。

どうせ何を言ってもかっこいいと思う人もいれば、ダサいと思う人もいる。だったら、せめて自分が何を言ったかだけは覚えておこうと思ったんです。その場その場で取り繕ったこと言ってたら、何を言ったか覚えられないし、毎回違うことを言うようなヤツになりそうじゃないですか。そっちのほうが怖いな、って思って。そうやって自分が発信したことの責任だけは持とうと意識するようになって、だいぶマシになりましたね。

それからは、お酒の場で酔うまでは悪口やグチも言わないようにしています。そこで助走をつけちゃうと、酔い出したら拍車がかかってしまうので。むしろ楽しい話をしたり人を褒めたりしたほうが、気分がよくなってお酒も進みますよね。

そのきっかけが藤崎マーケットのトキさんで、トキさんも僕みたいなヘンな後輩をかわいがってくださる変わった方なんですけど、ふたりでごはんに行ったときに、「褒め会をやろう」って言い出して。お互いに日常的にグチを言いすぎてたんですよ。だから、当時のbaseよしもとのメンバーを褒めようと。そしたら、めっちゃ気分よくて、爽やかに帰れました。それから、酔うまでは褒めスタンスになっていったような気がします。

やりたいことや目的は、まず「明らかにする」

四十路になってどんどん焦らなくなったし、たいていのことは「まあええか、諸行無常やし」と思えるようになりました。想像だにせんかった、みたいなことはそうは起こらないじゃないですか。いいことも悪いことも、起こり得ることはある程度計算が立つようになってきたというか。

そう思えるのは、30代後半で仏教という哲学に出合ったことも大きいと思います。これがよくできていて、お釈迦さまって、苦しみがあるとしたら、なんで苦しいのかを逆算して考えていく人なんですよ。

よう考えたら、人生には生まれて、生きて、死ぬ、っていう3つの事件しかないと。でも、みんな死ぬのが怖いと苦しんでる。これを逆算していきます。なぜ死ぬのが怖いのか、いつ来るかわからないし、その後どうなるのかわからないからだ。それがなぜ怖いのか、生きてるからだ。生きてる時間がなぜ苦しいのか、生まれたからだ。なぜ生まれたことが苦しみの始まりになるのか、急に始まったからだ、急に始まったから、急に終わるのが怖いんだ。そこで、人間は生まれたことに気づいてないから、生きている時間を忘れて、死ぬことを恐れる、って結論になるんですね。

で、「これって俺だけじゃなくて全員やから、めっちゃあるあるやから、苦しむ理由にはならないぞ。全員一緒だから、大丈夫！」ってなるんですよ、お釈迦さん的には。全員、諸行無常なんです。人も自然も、この世界には安定してあり続けるものなんてない。だから、過度に苦しんだり怖がったりする必要はないよ、っていう。

そんなふうに、お釈迦さんっていろんなことを明らかにしていく人なんですけど、「諦める」っていう言葉も「明らかにする」っていう意味で使っていて。

僕もそれにならって、やりたいことを諦めるときは、やる必要があるのか／ないのか、できるのか／できないのか、明らかにしてから諦めるようにしてます。やる理由もやらない理由もぼんやりさせないことで、「あれをやったほうがよかったかな？」みたいに引きずったり、焦ったりしなくなるんです。

やりたいこと／やりたくないことについては、極論、全部やりたくないことばっかりな気がするんですよね。そもそも働きたくないわけで、何もしたくないけど死にたくないからやってる、みたいな。あと、できること／できないこともあって。

僕、小学校のときに剣道とサッカーを始めたんですけど、両方やるのがキツくなったんですよ。で、どっちかっていうと剣道よりサッカーがやりたかったのに、サッカーは人からもらったスパイクとかでやってたのに対して、剣道は防具を買ってもらっちゃったんです。そうなると、お金がかかったほうを続けるしかないなと。

結果として、剣道の道でけっこう強くなりました。思い入れがないから逆に先生の言うことも素直にやれるし、肩の力も入ってなかったのがよかったのかもしれません。つまり、剣道は「やりたくないけど、できること」だったわけですけど、それが一番上手くいったりすることもあるんですよね。

仕事においても、「やりたいし、できるようになりたいこと」「やりたくないけど、できなくもないこと」なんかを明確にするようにしましたね。

漫才は、ある時期から漫才をやること自体が目的となって、やりたいし、もっとできるようになりたいと思ってずーっと取り組んでます。芸人としては、ほかにもMCとかもやれるようになりたい。一方で、ボケっぽい動きはできなくはないけど、そんなにやりたいことではないので、必要に応じてやるという感じで。

そんなふうに、ぐっと力を入れなあかん部分と、肩の力を抜いてやる部分と、そもそもやらんでええ部分みたいなものを明確にしておくと、余計なことで悩まないんです。そこが意識できてないと、仕事してても「なんでやりたくないことせなあかんねん。俺、こんなことするために『THE SECOND』獲ったわけちゃうぞ」とかいう思いに、いちいち捉われてしまうんじゃないですかね。

今は、自分にとってがんばらなくていいことについては、素直に人を褒められるし、悔しがることもなくなりました。逆に、がんばらなあかんところも明瞭になって、上手くいかなかったら自分が悪いとはっきり思える。バランスがとれるようになってきた気がします。

中にはやりたいのにできないこともありますけど、そういうものは「やりたいけどできない」の箱にしまったことだけは忘れないようにしてますね。それがモチベーションになると思ってますし、そうやってがんばってるうちに、気がついたらできるようになってる可能性もありますから。それを「目的」にして、ちゃんと覚えておく。

M－1の話でも書きましたけど、僕は「目的」は遠くにあって、「目標」は手前にあるものって、芸人になったときくらいから言ってるんです。目標の「標」は「しるべ」なので、目的という「的」に向かうまでの「標識」なんじゃないかって。

目的という奥のほうにある小さな光の点への歩みを止めないために、目標という標識がある。「オーディションに受かる」という目的のために、「ネタを1本作る」という目標を掲げるとか。足元だけ見てたら、まっすぐ歩いてるつもりでも曲がってたりするじゃないですか。でも、遠くを見つめていれば、まっすぐ歩けるわけですよ。

よく「M－1獲って売れたんねん！」みたいなことを目的みたいに言いますけど、目的は「売れたんねん」であって、M－1はそのための目標ですよね。そこを意識せず、優勝後のことを考えてないと、テレビを1周することになっても平場でつまずいたりするんじゃないかなって。

だから僕は、『THE MANZAI』に出てたときも、優勝後の平場まで意識したネタにしてましたね。自分たちのキャラの説明書、運用方法みたいなネタにしてたんです。そのネタで認知されたら、テレビでも役割が生まれるはずなんで。そうやって出方が決まっていれば、焦らへんよなって思ってました。

学びや変化も中年らしく受け入れる

ネタに対する考え方や作り方も変わってきましたね。

昔は人がいないとネタを考えられなかったんですよ。作家さんとかよじょうとかとしゃべりながらじゃないと思いつかなかった。人を笑かすためのものを考えるから、人がいないと無理やったんです。自分ひとりで頭の中で考えてみても、自分好みの方向に行きすぎてお客さんともよじょうとも離れていってしまって。

それがコロナ禍で人と集まれなくなって、ひとりで考えてみたら普通にネタができたんです。それからはひとりでネタ作りをやるようになりました。たぶん、芸歴も年齢も重ねてきたことで、自分らしくない方向に行ったり、ひとりよがりになったりしなくなったんでしょうね。これまでの経験があれば、ある程度かたちにはできちゃうというか。

やっぱり発想ってどうしても枯れていくもので、それはそれで別にいいと思ってるんです。新しいことはもう後輩がやっていきますから。それに、新しい発想や言い回しを思いついたとしても、どうせ誰かに似てるとか、誰かもやってたって言われるんですよ。だから、オリジナルなんてないし、「誰々っぽい」とかも知らんと思ってます。何かに影響を受けて生きてる以上、個性なんて誰もないんじゃないですかね。

それこそ、笑い飯さんの「Wボケ」は発明とされてますけど、自分たちのネタがツッコミのいないWボケみたいな展開になってもいいと思ってますから。4分間のネタであのスタイルに落とし込んだら「Wボケ」とされるだけで、やすきよ（横山やすし・西川きよし）なんて、20分間お互いにヘンなこと言ってるだけだったりするんですよ。

だから、そのやり方でガクテンソクらしいネタになってたら、「笑い飯みたい」って言う人のほうがヘンやねって思えるようになるはずなんです。

その諦めがついてからは、ネタ作ろうと思ってからのスタートが早くなりました。かぶってようが、似てようが、単独ライブ用に10～15分のネタを作ったら、ガクテンソクになっちゃうんですよ。

人のネタについては、自分の知らないことで笑いが起こるのは、もう仕方ないですよね。例えば、僕らにとってのドラえもんとのび太が、ピカチュウとサトシになったわけですけど、僕は『ポケモン（ポケットモンスター）』とか観たことないですし。

えらいウケてるのに、自分にはよくわからないネタとかもあるんですよ。これはもう「新しい」っていうことなんでしょうね。だからもう、自分がわからないものは「おもんない」って言い切れるぐらいの老害になりたい。夢の老害生活、憧れますね。

若い人にも評価されたい、老害にはなりたくない、っていう感覚がよくわからなくて。だって、マジで世の中のたいていのことはおじさんが決めてるじゃないですか。国会もおじさんだらけですよ。だったら、しんどい思いして「若者の最年長」でいるより、「おじさんの最年少」になったほうがいいんじゃないかなって。おじさん、後輩にはやさしいですよ。だから、早く物事を決められる側に行きたいですね。

　中年になっても変化や学びの機会はありますけど、これは運というか、縁だったりもするんですよね。

『THE SECOND』の1年目に、台本重視の漫才だった僕らが、箇条書きの台本でアドリブみたいな漫才のマシンガンズさんに負けたのもそうで。

　2014年の『THE MANZAI』に出たとき、僕らは優勝候補みたいな扱いだったのにトレンディエンジェルに勝てなくて、最終決勝はトレンディ、アキナさん、博多華丸・大吉さんになったんです。予選と違って一見さんっぽいお客さんだったので雰囲気が少し硬く、審査員もベテランの方々でした。そうなると、人となり、お笑いでいう「ニン」が見える漫才のほうが受け入れられやすいんですよね。結果、キャラがしっかりあるトレンディと、お客さんを見ておじさんネタの漫才に切り替えた華大さんがバッコーンとウケたのに対して、ニンが見えにくかったアキナさんは3位になった。それがきっかけで、僕もニンについて考えたんです。

　マシンガンズさんに負けたとき、そのことを思い出しました。ニンの漫才に負けて、「この歳になってもニンがないな。ちょっとニンも出せるようにならないとな、って思ってたのに」って、過去のやり残しに気づいて。それから、『THE SECOND』のためだけじゃなく、寄席の舞台も絶対によくなると思って、漫才を少し変えていきましたね。

もう学びはあっても、成長の余地、伸びしろはそんなにないと思うんです。ただ、今あるものを強くすることはできる。それで、寄席に立って漫才師として鍛えてきたものの上にニンを加えることを意識してみたら、上手いことレベルアップできた。きっと10年前にやったとしても、上手くいかなかったんじゃないですかね。タイミングもよかったと思います。

変化という意味では、上京も大きな決断でした。

ホンマに、こんな人生やと思ってなかったんですよ。やっぱりお笑い始めたときには、明日にでも売れると思ってましたから。すぐに大阪で売れて、東京に呼ばれるようになって、東京でも売れるのがかっこいいよな、みたいな。

そしたら、全然違うことになってて。40歳になって、いちおう芸人という仕事でメシは食えてるし楽しいけど、世間の人から芸人として認識されてるかどうか……。それに、「何者かになれる」チャンスだった『M－1グランプリ』にも、もう出られなくなった。そう思ったら、「やっぱ上京かな」って。

どうせ「こんな人生になるとは思わんかったわ」って言うなら、より明るくて、笑われるほうがいいなと思ったんです。「41歳で東京来る人生やとは思わんかったわ」って。そのほうがおもしろそうじゃないですか。

それに、「芸人になる」という決断以外で、あまり自分でダイナミックな決断をしてこなかったな、とも思って。お仕事だって、基本は選んでいただいた場所に行くわけですし、自分で決められることって意外と少ないんですよね。だったら、決められるものは自分で決めたほうがいいんじゃないかなと。しかも、できるだけしんどそうなほうを選ぼうと。そのほうが自分で「お前、偉いな」って思えるじゃないですか。

それもあって、東京に行くことに決めたんです。

実際に東京に来てからは、ずっと楽しかったですね。「この歳で新しい路線図を覚えるとは思わんかったわ。何色使ってんねん」みたいなことでも十分楽しかったんで。しんどいことも、しんどいだろうと思って選んだので、想像の範囲内でしたし。

もちろん、ネタや環境の変化に不安もありましたけど、それも〝人の目〟が助けてくれるようになったんですよね。40歳を超えて売れてない芸人なんて、冷ややかに見られて当たり前じゃないですか。それが普通やのに、まれに温かい目を向けていただけることもある。だったらその目を信じるしかないやろ、っていう。

そして、温かい目を向けてくれた人たちに自慢してほしかった。インスタライブなんかをやると、30～40人くらいの人がいつも観てくれてたんですよ。そういう10年以上僕らのことを応援してくれてたような人たちも報われてほしくて。

やっぱり好きな芸人を聞かれて「ガクテンソク」って答えたら、「誰？」って言われてきたと思うんですよ。そういう人たちに「な？　おもしろかったやろ、ガクテンソク」って言ってほしかった。皆さん、すごい見る目があったんだと証明したかった。そう思ったら、不安とか冷ややかな目線とか、気になりませんよね。

人生なんか最後に勝てればいい

夢と現実については、自分なりに折り合いをつけてきましたけど、そのふたつがいい綱引きできてるときは、コンディションもいいんじゃないかなと思ってます。夢と現実って、未来と過去みたいなイメージで。夢は先にあるもので、現実は過去の積み重ねだとしたら、自分は間に立って左右から引っ張られているというか。

ただ、僕にとっては夢ってずっとぼやっとしたもので、この歳になったら、「行けるところまでしか行けないやろ」という気持ちにもなってきましたね。残された時間が限られてきているので。

なんとなく周りを見てきて、「こういう人は、これぐらいのところに行くんやろっな」とか、「あの人らは20代でああなったから、30代でこうなってるんやな」とか考えてきたわけですよ。そうしたら、「俺はもう40代だから、行けてあそこぐらいまでやな」っていうのもわかってて。

だからできることって、自分が今置かれている状況を作った過去からつなげられる道の中から、最適な道を選ぶことぐらいなんです。『バック・トゥ・ザ・フューチャー』のドクが、最後にカチャって電線をつなぐところ。あんなふうにハマると、めっちゃ気持ちいいじゃないですか。そんなイメージですね。そのバランスがちょうどいい感じで、未来と過去が僕を引っ張っていれば、なんとなくいい方向に進んでいけるんだろうなと思います。

僕はよく「人生なんか最後に勝てればいい」と言っていて。何が勝ちで何が負けかなんてわからない、そもそも勝負でもないかもしれないけど、自分としては「今、負けてるな」ということは実感しといたほうがいいと思ってたんです。で、最後にしっかり勝てればいいと。

少年漫画の主人公だってそうじゃないですか。負けて負けて、最後に勝つのがヒーローだから。逆に言えば、負けてる間はヒーローになるチャンスがある。そう思っていれば、なんとか続けてられるというか。まあ結局、「自分の人生の主人公は自分だけ」ってまっすぐ言うのが恥ずかしい年齢になったから、こうやって手を替え品を替え、言葉を替えているだけなんですけど。

ともかく、いい歳になってくると、周りからも勝った、負けたなんてはっきり言ってもらえなくなるので、自分でしっかり「負けてるな」「勝ちたいな」と思っておかないといかん、とは考えてます。そうじゃないと、下手に要領がよくなって、なんでもそつなくこなせるようになって、勝負しなくなっちゃうんですよ。

それもなんでも勝負すればいいわけではなくて、勝ちたいと思ってたのに勝ててないのは、負けてると認めようよっていうことで。

やっぱり、負けってなかなか受け入れられないんでね。特に芸人なんて、「天下獲れる」って勘違いして入ってくるようなよくない人間の集まりなんで、負けた者同士で集まったりするんですよ。負けたヤツのほうが多いし、そういう場は居心地がいいし、盛り上がる。負けというムチに対して、アメが甘すぎるんですよ。そこから抜け出すのって、めちゃくちゃ難しい。

例えば、かまいたちさんって僕らの1期上で、同じような道を歩んでたんですよ。なんならバトルライブなんかで勝ってたし、賞レースに関しても2014年くらいまでは僕らのほうが期待値も上だった。それが『キングオブコント』、『M－1グランプリ』でバコーンと活躍して、テレビやCM、YouTubeなんかで毎日見るようになった。

でも、過去に勝ったと思ったことがある以上、これはもう「負けた」と受け入れないと何も起こらないと思うんです。もちろん、おふたりはそんな勝ち誇った顔も、有名人ぶった顔もしませんし、テレビで一緒に映れるとめっちゃうれしかったりするんですけどね。

でも、そうやって考えながら下してきた決断の一つひとつには不満がないというか、これはこれで上出来だと思えるようになってきました。

お笑いという運の要素も強いヤバい世界に飛び込む決断をしたので、自分は運が悪いということを前提に、何かを選ぶときのルールを決めるようにしてたんです。自分は運が悪いから、直感で動くと全部間違えるはずだと思うようにするとか。ファーストインプレッションじゃなくて、2個目を選ぶ。そう決めたら、ミスったとしてもルールに則った結果のミスだから、クヨクヨしないで済むんです。

賞レースの出番なんかもくじは2番目に選んだものを引きますし、優勝する人は優勝する番号を引くだけだと思うようにしてました。それでいい結果につながったとしても、自分以外の運がよかっただけ。

だから、『THESECOND』で優勝できたとき、「よじょうって、めっちゃ運いいんやな」って思いましたもん(笑)。あんなに何もしないで1000万もらえるって、めっちゃ運がいいじゃないですか。

。。。

と、まあいろいろと語らせていただきました。これは〝四十路〟の僕の考え方なので今後も変化はしていくと思いますが、根っこのところはあまり変わらなそうです。孔子も論語で「四十にして惑わず」と言ってますしね。

ちなみに四十以降を日本語訳で見てみると、「50歳で、自分のしていることは天の命じたことだと確信した。60歳になると、ほかの人の言うことも納得できるようになった。70歳になると、自分の思うままに行動しても一定の枠を外すこともなくなり自由を感じることができるようになった」だそうです……。

いや、70歳でようやく仕上がる感じなん!?　僕が何者かになるまでの道は、どうやらまだまだ続くようです。

よじょうのあとがき

あとがきを書くにあたって何を書くものなのかよくわからないので、Wikipedia先生で調べてみました。

後書き（あとがき）とは、手紙や書物などの最後に記述される文章。後書きには、著者以外にも制作にかかわった人物によっても書かれ、編集後記、訳者後書きなども後書きである。

……僕この本の制作に関わってないよ？　内容も知らんで？　ええの？　どうしよ？　うーん。

でもまぁ昔から知ってるあの奥田が本を出すまでになるとは、本当にすごいなと思います。

中学時代、ものすごく肥満体だったあの奥田が（保健室に呼び出されて、保健の先生から両肩を強く持たれ「あなたは絶対に運動部に入りなさい」と言われてたあの奥田が）。

高校時代、1人の女性に8回告白して全敗したあの奥田が（後にこの女性と会う機会があり、このことを言うと、まったく覚えていないという悲しき伝説を作ったあの奥田が）。

コンビニの惣菜工場で一緒にバイトしてたとき、ベルトコンベアの先頭で弁当箱に水菜を6時間ひたすら敷いてたあの奥田が（僕は最後尾で蓋をひたすら閉めてました）。

携帯電話組み立て工場で一緒にバイトしてたとき、携帯の型枠にピストル型の器具で強い風をひたすらかけるという謎の作業をしていたあの奥田が（僕は、なんの意味があるかわからないテープを基盤に貼り付けてました）。

プールの監視員のバイトを一緒にしてたとき、すぐ脱いで笑いをとっていたあの奥田が（僕はアソコを猛将の如く振り回してる姿を見て死ぬほど笑っていました）。

そしてお笑いを一緒に始めて運命共同体になったあの奥田が。

あの奥田の時代を知っている僕だからこそ、え？　うそん？　あの奥田が？　と思うとともに、いつも隣にいるあの奥田が本を出せるくらい素敵なおっさんになったことが本当に羨ましく誇らしく思います。僕も普通のおっさんにはなれたので照れずに言えます。

出版おめでとう。

追伸

僕にとってあなたは最高の金づるなのでどうか健康に気をつけて、僕より長生きしてください。

ガクテンソク・よじょう

奥田修二（おくだ・しゅうじ）

1982年3月3日、兵庫県生まれ。2005年、よじょうと「学天即」を結成。同年の『M－1グランプリ』にてアマチュアながら準決勝進出を果たす。2007年より吉本興業に所属。2013年の第28回NHK新人演芸大賞演芸部門賞、2014年の第49回上方漫才大賞新人賞、2015年の第4回ytv漫才新人賞優勝、第50回上方漫才大賞奨励賞など、受賞歴多数。2021年、コンビ名を「ガクテンソク」に改名。2024年には、『THE SECOND～漫才トーナメント～』にて優勝を果たした。趣味はゴルフ、雑学、アイドル、クレーンゲームなど。

デザイン：APRON（植草可純、前田歩来）／装画：太田マリコ／編集・執筆：後藤亮平（BLOCKBUSTER）／校閲：鷗来堂／編集：馬場麻子（吉本興業）／営業：島津友彦（ワニブックス）／マネジメント：片山春希、両國龍英（吉本興業）

何者（なにもの）かになりたくて

二〇二五年三月三日　第一刷発行
二〇二五年五月一七日　第二刷発行

発行人　藤原寛
編集人　新井治
発行　ヨシモトブックス
〒一六〇－〇〇二二　東京都新宿区新宿五－一八－二一
電話　〇三－三二〇九－八二九一
発売　ワニブックス
〒一五〇－八四八二　東京都渋谷区恵比寿四－四－九　えびす大福ビル
電話　〇三－五四四九－二七一一
印刷・製本　中央精版印刷株式会社

ISBN 978-4-8470-7527-8
C0095 ¥1500E

定価　本体一五〇〇円＋税